幸福平和学

―― 暴力と不幸の超克 ――

岩木秀樹

第三文明社

はしがき

世の中には、戦争や貧困・格差、環境問題などの暴力や不幸が蔓延《まんえん》している。しかし、多くの人は仲良く幸せに生きたいと願っている。その願いに少しでも貢献したいと思い、上梓を決意した。本書では、暴力や不幸の現実を見つめ、その原因を分析し、長い時間、広い視点、共的志向、下からの見方を中心にして、幸福と平和の方途を示していく。

時間的には宇宙百三十八億年の歴史と未来までを視野に入れ、空間的にも生命的存在である有《う》情《じょう》、非生命を含めた非情まで広げて分析する。また共感、共同、共有などの共的視点の導入も試み、虐《しい》げられた弱者の側から、庶民の視点を忘れることなく論じる。学問的にも多くの学的成果を参照し、学際性を試みる。そのため、雑駁《ざっぱく》で散漫なものとなったかもしれない。今後はより有機的につなげることを目指したい。

第一部では、直接的暴力としての戦争の原因を四つの段階に分けて考察し、構造的暴力としての貧困・格差の現状と解決法を論じる。

第二部では、第一部で論じた暴力にあらがうような様々な志向様式を考察する。幸せに平和に生きるために、長く広く共に下からの視点で考える。

第三部では、事例研究として、イスラームと仏教の幸福と平和を考察する。おそらく、宗教ほど幸福と平和を追求したものは、他にないであろう。日本人に最も関係の深い仏教と、今後世界で最大の宗教集団になるイスラームを取り上げ、さらに近年のイスラエル・パレスチナ紛争やウクライナ戦争にも論及していく。

本書は、拙著『共存と福祉の平和学』を大幅に改訂し、拙著『中東イスラームの歴史と現在』の一部を加えた上で、改題して刊行するものである。その上で、幸福平和学という新しい枠組みで、世に問いたいと考えている。

日本においても、世界においても、幸福平和学という言葉は、あまり使われていない。管見の限りでは、本書が初めてではないだろうか。人間の究極の目的は、幸福と平和であるので、幸福平和学は最も重要な学問であろう。幸福平和学への第一歩が本書である。皆様からのご指摘やご批判をいただければ、幸甚である。

目次

第三部　宗教と戦争：イスラームと仏教の幸福・平和と最近の戦争

【第一部】

暴力：争いと貧しさの原因

第一部では、直接的暴力と構造的暴力を扱う。最近、構造的暴力を緩慢《かんまん》な暴力と言うようになってきているが、より広く使われており、直接的暴力と対比関係がわかりやすいので、これまでのように構造的暴力とした。またここでは、戦争の定義を、政治集団間の武器を用いた組織的暴力として議論を進めていく。

まず、戦争の原因を、四つの段階に分けて論じる。四つとは、類人猿と人間の違い、狩猟採集社会から農耕牧畜社会への変遷、国民国家の台頭、軍産複合体などの経済的要請である。

次に、世界と日本の貧困・格差の現状や、貧困や富裕が世代間連鎖をしている現実を考察する。さらに貧困・格差を是正するための方策として、ベーシック・インカムやベーシック・サービスについて、再配分を機能させるためにグローバル税制を論じる。

第一章　戦争の原因：人間の暴力と農耕牧畜社会

はじめに

最初に、類人猿と人間の相違点から戦争原因に迫り、人間の社会性や抽象化能力が戦争原因に関与していることを分析する。さらに戦争原因を本能に求める説を批判的に考察し、本能の曖昧《あいまい》性、本能により戦争をするのではないことを宣言した一九八六年の「セビリア声明」や人類学から本能論への批判を見ていく。

次に、狩猟採集社会から農耕牧畜社会へ移行する際の排他的な線引き志向や系譜意識、政治権力の誕生や定住化などが戦争の原因に関係していることを考察する。

一　類人猿と人間の暴力

（1）動物の攻撃と人間の暴力

ここでは、動物と人間、特に類人猿と人間の暴力の問題を見ていき、その相違点から戦争の原因に迫りたい。

まず、攻撃と暴力は区別しなくてはならないであろう。攻撃とは多くの種に見られる動物に普遍的な行動である。また、攻撃は多くの動物とともに人間が生来的に持つ資質であるが、生物の生存競争の一環にとどまる限りでは暴力ではない。自らの生命やなわばりを守ったり、獲物を捕らえたりすることは、自然の生命活動であって、暴力とは言わない。このように人間の攻撃性は他の生物にも共通したものであり、動物と人間には連続性がある。生命維持の自然活動である限り、それには悪というレッテルを貼ることはできないであろう（伊藤二〇〇一：九一〜一〇、小林二〇〇八：二〇一二）。

これに対して、暴力という言葉は、人間から動物への使用も多少はあるが、基本的には人間同士に使う用語であり、してはいけないこと、悪であるという意味が含まれている。攻撃は文化ではなく、動物一般に見られる行動であるのに対して、暴力は人間に典型的に見られる後天的な文化的行動なのである（伊藤二〇〇一：一〇一一二）。

（2）異種と同種間の争い

現代の生態学や行動学では、異なる種と同じ種内の争いとでは、違う性質を持っていることは常識である。肉食獣のライオンやオオカミが獲物を狙うのは、食欲から発する行動である。同種の仲間を攻撃するのは、テリトリーをめぐる争いだったり、交尾相手をめぐる葛藤が原因だったりする。しかし、獲物を狙うのと同じ方法で同種の仲間を攻撃することはない。獲物は効率よく仕留めることが重要だが、同種の仲間を殺すまで攻撃する必要はない。争いが起こった原因を取り除くか、自己主張を相手に認めさせることが目的だからである。そのため同種の仲間に対する攻撃には、相手が納得すれば攻撃が抑えられるようなルールがある。

同種の動物同士の争いは、相手を抹殺《まっさつ》することではなく、限りある資源をめぐっていかに相手と共存するかを模索することにある。その限りある資源とは食物と、交尾をする相手である。自らの生命を維持し、子孫を残すために、動物は争いを起こす。霊長類研究者の山極寿一は、人間社会に見られる争いごとも、もともとそういった食と性をめぐる葛藤から生じたのではないかと示唆している（山極二〇〇七ａ：三四―三六）。

多くの動物において、種内の攻撃行動は、敵に傷害を与えないように儀礼化されている。同一種内の殺害を禁じることは先天的要素であり、殺害を命じることは文化という後天的要素に由来すると考えられる（Eibl-Eibesfeldt 1975=1978:429-430、油井二〇〇四：七二）。精神科医のアンソニー・ストーによれば（Storr 1968=1973:11、小林二〇〇八：二二）、自分自身の種のメンバーを殺す習性を持った脊椎《せきつい》動物は人間の他にいない。同じ種の仲間に残虐行為をして積極的な喜びを感ずる動物は人間だけである。私たちはかつて地上を歩いたものの中で、最も残忍で無慈悲な種なのである。

（3）類人猿と人間の相違点：火の使用

戦争の原因という観点では、類人猿は戦争をしないが人間はするので、類人猿と人間の相違点に戦争の原因が隠されているであろう。

まず、火の使用である。火で調理することにより食べ物が柔らかくなり、消化が楽になり腸を動かすためのエネルギーを脳に回すことができるようになった。また火で調理することにより、寄生虫などを殺すことができ、衛生的になり、健康で長生きできるようになった。いわば火が胃腸の仕事を補うようになったのである。多くの生物はエネルギーを得るために、自分の体の中で光合成や消化などいろいろな仕事をするが、人間はその仕事の多くを外部委託した。類人猿が食べ物を噛《か》んでいる時間は、短くても一日五時間くらいだが、火の使用により咀嚼《そしゃく》時間が大幅に縮み、その時間を他のことに充《あ》てることができるようになった（更科二〇二一：一一八－一二一）。

（4）類人猿と人間の相違点：子ども期と老年期

生活史の観点で人間と類人猿を比べてみると、大きな違いが三つ存在する。それは子ども期があること、青年期があること、閉経後何年も生きることである。子ども期はすでに離乳しているのに一人前の食事ができない時期である。青年期は繁殖力があるのに繁殖できない時期を指す。人間の特徴である閉経という現象は、子ども期を支えるように進化したという説がある。人間の女性は閉経を前倒しして、自分で子どもを出産するよりも、すでに生まれた子どもの成長や、娘や息子たちの出産と育児に手を貸すことで子孫の生存率を高めようとしたのかもしれない（山極編二〇〇七b：一九四―一九五）。これら三つの相違点は、人間が家族や仲間を重視し、社会性、協同性を持った動物であることを示すものである。

また、人間は老年期とともに、子ども期も長い。両期ともに長いのはセットになっている可能性がある。老年が様々な経験知や生活の知恵などを次の世代の子どもに教えることには重要な意味があり、人間の知恵がより重層的に積み重なり、継承されていくであろう。どちらも生産や生殖からは比較的自由な時期であり、子ども期と老年期が長いのは一見無駄と思えるが、実は人間の創造性の源かもしれない（広井二〇二三：二五四―二五五）。この知識や知恵の積み重なりは、集合的学習とも呼ばれる。言語によって人間は正確に情報を共有できるようになり、それは世代を追うごとに蓄積されていった。知識は次の世代のために保存され、続く世代は順々に付け加えることが可能になり、莫大《ばくだい》な知識量となった（Christian 2018=2019:212-213）。

（5）類人猿と人間の相違点：二足歩行と社会性

現生の類人猿がジャングルから出られなかったのは、肉食動物が多い地上で生活できなかったからである。初期人類がなぜ地上の生活に適した特徴を身につけるようになり、やがて樹木のないサバンナへ進出するようになったかは謎である。しかし、山極によれば（山極二〇〇七a：一九五－一九八）、その理由は直立二足歩行という移動様式と家族という社会性にあると考えられる。

直立二足歩行になった要因として、次のような説がある（若原二〇一六：六二）。①自分の体を大きく見せるため、②長距離を移動するため、③太陽光線を受ける面積を減らして体温調節を有利にするため、④見晴らしのよいサバンナでいち早く捕食者を発見するため、⑤上肢《じょうし》（手）で武器を使用するため、⑥両手で食物を運搬するため、である。

二足歩行により、前足である手が自由に使えるようになり、道具を生み出し、その影響で脳が発達する。臨機応変な採食行動を獲得し、他の動物が手を出せない食物を手に入れるために、大きな脳が役に立つようになった。肉食動物を出し抜いて獲物をさらったり、石器で骨を割って骨髄を取り出したり、棒で固い地面を掘って根茎類《こんけいるい》やシロアリなどを掘り起こしたり、記憶力、洞察力、応用力を使えるようになった（山極二〇〇七a：一九五－一九八）。

一方で、直立二足歩行になったため、次のようなデメリットも生じた（若原二〇一六：五四－五五）。①直立すると体重を支えるために骨盤が広く平板になり、それと引き換えに産道が狭くなり、難産になった。②脳へ血液を運ぶために大きな血圧が必要になり、高血圧となった。③血液が静脈系を通って体の中央に戻ってくる際に逆流防止の仕組みが必要になり、血栓ができやすくなった。④直立したため直腸静脈のうっ血が激しくなり、痔になりやすくなった。⑤直立した体の全体重を下肢《かし》で受け止めるため、腰と膝に大きな負担がかかり、腰痛と膝関節痛が生じた。

人間は直立二足歩行と大きな脳を進化させるために背負ったマイナス面を、親以外の仲間の手を借りて軽減しようとした。大きな脳に多くの知識を集積し、様々な問題に対処し、その知識を家族よりも多数の仲間に伝え、共有する必要があった。それが人間のユニークな社会性、協同性を作った。

この社会性は大きな分岐点となり、戦争の原因ともなるであろう。このことは、チンパンジーの戦いと人間の集団間の戦いに明らかな違いがあることからもわかる。チンパンジーのオスたちは自分たちの利益と欲望に駆られて戦いを起こしているのに対し、人間の戦いは常に群れに奉仕することが前提となっている。人間が戦う意味は、家族を生かすため、共同体の誇りを守るために、自らを犠牲にすることである。チンパンジーは死を賭《と》して戦うことはないのである（山極編二〇〇七b：xii、山極二〇〇七a：二二一）。

（6）類人猿と人間の相違点：言語の使用と抽象化能力

言語の使用も人間の大きな特徴である。言語により物事を抽象化するようになり、様々なイデオロギーが後に生まれた。また、言語は超越的なコミュニケーションを可能にし、そこにない出来事や空想上の話を伝える機能がある。実際には見ていないこと、聞いていないことを体験させ、それを仲間で共有することも可能である。この機能によって、言語はヴァーチャルな共同体を作り出した。さきほどの社会性が融合され、後に国家や民族などの想像の共同体が人びとの心に宿るようになり、しばしば戦争への道を進むこともあった（山極二〇〇七a：一二一―一二三）。

このように、火の使用により、脳に多くのエネルギーを回せるようになり、また二足歩行により、手が自由に使えるようになり、知能が大きく発達した。社会性、言語の使用は人間の人間たるゆえんであり、高い文化を創り出した原動力であったが、半面、戦争の原因ともなったのであろう。

二　戦争は本能か

(1) 本能論への批判

一九八六年にスペインのセビリアで開かれた「脳と攻撃」に関する第六回シンポジウムで発表された「セビリア声明」は、一九八九年のユネスコ総会で普及促進が決定された。この声明を要約すれば、次のようになる。①動物が他の動物を襲うのは肉体的必要を満たすためであり、本能的に他の動物を「攻撃」するのではない。②暴力は遺伝ではなく、人間の性格は遺伝と環境によって決まる。③生物進化の過程で人間がより攻撃的になったという証拠はない。④「暴力的な脳」というのは存在しない。⑤人間は本能によって戦争をするのではない（油井二〇〇四：一一二、Adams 1989=1996）。

戦争の原因を本能に求める研究者は、本能を重視する生物学者、心理学者、社会心理学者のうちでも少数である。もし本能により戦争が起こるのなら、何らかの本能的なものを有しているであろう人間は、いついかなる場合でも必ず戦争を行うことになる。また、戦争は人類にとって宿命となり、平和への努力が全くの無駄になってしまう。安全保障研究者の石津朋之によれば（石津二〇〇四：三二、Brodie 1973:339）、戦争本能論は、人類は人類であるがゆえに戦争が生起するということになり、なぜ戦争が別の場所ではなく、ここに生起したのか、なぜ彼らではなく、我々が戦争に関与したのかといった問題に対して、何ら有効な回答を見出しえない。また、ある戦争の決定が人間の意思、例えば政府によって自発的かつ意識的に下されているという事実を説明できない。

ただ今後、脳科学や遺伝子学などの研究が進み、本能ではなく違う概念によって、人間の暴力性がある程度解明できる可能性もある。人間の攻撃性は大脳辺縁系領域に集中しており、テストステロンというホルモンも攻撃行動と密接な関係があることが、最近の研究で明らかにされつつある。ただ、どの人間がいつ暴力的な衝動を見せるのかは予測できず、いわんやどの時代、地域で戦争が生じるのかは、これらの科学では解明できないのが現状である（Keegan 1993=1997:98,99,101）。

このように、人間は必ずしも常に戦争を行うのではない。人間は本能によって戦争を行うのではないということを証明するのに、次に見る人類学はいくつかの示唆を与えている。

(2) 人類学の観点

人類学的研究によると、葛藤や闘争は至るところで起こっており、人はしばしばそれを不可避なものと見るが、それが表出される仕方や引き起こす反応は非常に多様であり、様々な解決法が存在し、常に暴力を伴った闘争となるわけではない。

例えば、インドのある地方では意見の相違が起こった時、祈禱師を呼び、全ての決定を彼に任せる。コロンビアのサンタ・マルタでは二人の間に争いがあると、当事者が棒を持って岩や木を叩き、先に棒を折ったほうが勝利者となる。北アメリカの太平洋岸北西部のネイティブ・アメリカンの間では、論争や係争はポトラッチとして知られている制度によって通常解決される。この制度は、可能なかぎり多くの財産を破棄または贈与したほうが高い地位につき、勝者となるのである。

このように対立、葛藤が生じた場合、個々の文化集団において解決法は異なる。つまり対立、葛藤が必ずしも物理的暴力を伴うものではなく、個人が第三者に委託するか、あるルールを伴った儀式を行うか、財産の放棄で戦うかは、その属する集団の伝統や慣習により異なる（Klineberg

1964=1967:12-14)。

以上のように、攻撃行動が文化により多様な違いを見せ、初期人類社会や現在のいわゆる社会が未分化な地域には戦争が存在しなかったとすると、戦争原因を攻撃本能にのみ求めることはできなくなる。

三　農耕牧畜と戦争

(1) 戦争の発生時期

考古学者の藤原哲によると(藤原二〇一八：二九五、二九六)、人類は出現した初期から、集団的な暴力は行っていたが、戦争はやっていなかった。日本を例にとると、旧石器時代から縄文時代までは、戦争を示す考古学的証拠は、非常に少ないのである。

その後の時代の三つの画期を示すと、第一は、対人殺傷道具としての武器が出現した弥生時代である。第二は、日本列島各地に鉄製武器が使われ、軍事的な階層が広域に成立した弥生時代終わりの時期である。第三は、列島初の軍事組織が形成されていた古墳時代中期である。藤原によれば、この第三の時期に国家と戦争とが大規模に台頭した。

考古学者の松本直子によれば（松本二〇一七：一七三－一七四）、人が戦争を始めるのは基本的に約一万年前以降の時代であり、農耕に伴う生活様式の変化と人口増加が始まる時期と一致している。これまでは、農耕によって人口が増加すると土地や水をめぐる争いが起きるという経済的視点や、人口増加と余剰生産物の蓄積によって社会の階層化が進むことが要因となるという社会的視点からの説明がなされてきた。それに付け加えて、さらに文化的視点が必要になる。戦争になると、自集団の人を殺してはいけないが、敵対集団の人を殺すのは良いことになる。つまり明確な集団への帰属意識の発生が、戦争を生み出す文化的要因となる。わが身を犠牲にしても、自分が属する集団に尽くす「利他的」な行動が、戦争を生み出す文化的メカニズムである。

このように、より細かな検証によれば、戦争は狩猟採集社会から農耕牧畜社会への移行期、つまり約一万年前から見られる現象であり、日本史においては弥生時代以降から戦争が発生したと捉えるのが妥当であろう。

(2) 農耕牧畜の開始と戦争の原因

農耕牧畜は人類が最初に経験した産業社会で、食料生産革命と呼ばれ、自然に制約される不安定な生活から、穀物の貯蔵や家畜の飼育に支えられた定住生活に入った。ここから私有財産の観念が生まれ、貧富の差が生じ、やがて政治権力を司《つかさど》る支配階級が発生するのである(Smith 1976=1986)。

また牧畜により、動物に田畑を耕させたり、人を乗せたり荷物を引いたりさせ、あるいは殺して食べることもできる。牛や馬は人間の十倍もの仕事ができる便利なものであった(Christian 2018=2019:233)。

農耕生活は社会的剰余を生み出した最初の生活様式であり、社会的剰余の管理、所有と分配のための社会構造を作り上げた。貧富の格差により社会的ストレスが高まり、それが戦争に結びついた。

一万年前から始まる農耕牧畜によって、生産量が上がり、貧富の差が生じ、分配のための政治権力も誕生した。この政治権力と戦争の関係も密接であり、両者は相互に強化し合った。農耕牧畜により、以前よりもテリトリー意識は強くなり、排他的な領域意識も生まれ、それが戦争に拡大することになった。

（3）定住化と戦争の原因

農耕と密接に関係する定住化にも戦争の原因が隠されているようである。人類は出現してから数百万年は定住することなく暮らしてきた。大きな社会を作ることもなく、希薄な人口を維持し、したがって環境が荒廃することも汚物にまみれることもなく生き続けてきた。しかし約一万年前から定住革命が進み、人類の社会は、逃げる社会から逃げない社会へ、あるいは逃げられる社会から逃げられない社会へと、生き方の基本戦略を変えた（西田二〇〇七：一三）。

このように、農耕社会に内在する諸要素が戦争の原因の一つとなっているということを強調する論者は多い。考古学者の松木武彦によれば（松木二〇〇一：一六）、耕地は血と汗の結晶であり、命をつないでくれる食糧の源だから、それを守る意識は、狩りや採集の社会のテリトリーを守る気持ちよりも何倍も真剣で強烈なものになるはずである。つまり、耕地のような明確な不動産が現れたことが、人びとの排他的な防衛意識を強め、争いを激しくさせた原因となったに違いない。

また、文化人類学者の福井勝義によれば（福井一九九九：一六六―一六七）、農耕牧畜社会では、特定の土地にしばられるようになり、狩猟採集社会より定着性が増していくと同時に、なわばり意識が固定化し、土地が特定の集団の間で排他的に継承されていくようになる。それと並行して系譜意識が発達し、血縁原理などをもとに強固な集団が形成されるようになる。なわばり意識が顕在化し、土地が排他的に継承される社会になると、異なる集団間で組織的な戦争が行われやすくなる。

このような人類史における大きな革命であった定住化は戦争の発生にも影響している。定住化によってなわばり意識が芽生え、テリトリーを排他的に系譜する必要が出てくる。様々なものから逃げることができなくなり、ストレスや葛藤、紛争が生じることとなった。移住する採集民の集団は、他の集団との関係が危うくなると敵からすばやく離れることによって「戦争に近い」緊張状態を解消できるのであったが、この平和な選択を定住は取り去ってしまった（佐原二〇〇五：一五二）。定住化により自集団中心的になり、人のつながりが固定化すると、他の集団に対して排他的・敵対的となる。自集団内における共感能力が、他集団に対する非共感や暴力へと転化するようになった（山極、小原二〇一九：二〇三）。このように農耕や定住によりテリトリー意識や排他的系譜意識が高揚し、他集団との摩擦が生じて、しばしば戦争の原因となった。

（4）戦争の証拠

考古学の研究において、農耕・定住の時期と戦争の発生とがかなり密接に関連していることが示されている。この時期に戦争の考古学的証拠となるものが出土しているからである。それは次の六つである。第一は武器で、人を殺すために専用に作られた道具とそれから身を守る防具のこと。第二は守りの施設で、堀、土塁、バリケードなどをめぐらした集落や都市である。第三は、武器によって殺されたり、傷つけられたりした人の遺骸である。第四は武器を供えた墓で、戦士の身分や階層があったあかしで、その社会で戦争が日常化していたことの反映である。第五は武器崇拝で、戦う社会ならではの現象である。第六は戦争を表した芸術作品である（佐原二〇〇五：一五二、松木二〇〇一：一〇―一二）。

この中で、人骨以外は、ただ単に戦っていたことのしるしではなく、戦争が組織化され、それに対する備えがなされ、その社会で戦争が認知された政治的行為にまで発展していたことを示すものである。これらの戦争の証拠は、世界の多くの地域で、農耕社会が成立した後に現れる。日本列島においては、弥生時代に入ってから、こうした戦争の証拠が現れる。この点から、農耕に基づく生産システムや生活スタイルが成立することは、社会の中で認知された組織的な闘争としての戦争が現れるための条件となったのであろう（松木二〇〇一：一二一一三）。

これまで見てきたように、戦争の様々な考古学的証拠は農耕社会成立、日本史においては弥生時代以降に見られるのであり、戦争の発生もそれ以降と考えられる。

おわりに

暴力の起源として、類人猿などの動物の行動を見てきたが、攻撃は動物一般に見られる行動であるのに対して、同一種間の暴力は主として人間に見られる文化的行動であった。類人猿は戦争をしないが人間は行うので、類人猿と人間の相違点に戦争の原因の一端が見られる。脳の進化や高度な社会性が戦争の原因の媒介をしている可能性がある。また、言語の使用により抽象的思考が養われ、それに社会性が融合され、想像の共同体を作るようになり、自己の生物的サバイバルのみでなく、集団的要請で戦うようになった。

戦争原因を人間の本能に求めることは、「セビリア声明」でも否定された。もし本能により戦争が起こるのならば、戦争は人間の宿命であり、平和への努力は無意味になってしまう。

そもそも戦争とは集団的な争いのことであり、個人間の争いは戦争とはいえない。さらに個人間の争いにおいても本能のみで争うのではない。初期人類や現在のいわゆる社会が未分化な地域の中には戦争を経験していない集団があるのは、そのことを示唆している。

人類は狩猟採集社会から農耕牧畜社会に進み、定住生活をし始めるようになった。やがて剰余物が生じ、貧富の差が生まれ、権力関係が成立した。農耕や定住の開始により、私有の観念や政治権力が発生し、排他的なテリトリー意識が生まれた。考古学の研究によれば、農耕・定住化の歴史と戦争は密接な関係があり、この時期より戦争の考古学的証拠が出土している。基本的に戦争は、農耕牧畜が始まった約一万年前からの現象であり、日本史で言えば弥生時代以降である。

第二章　戦争の原因：国民国家と経済的要請

はじめに

最初に、国家の定義の矛盾を指摘し、国家と暴力の密接な関係や国家が所与のものではないことを説明する。

次に、暴力の集中によって、国民国家が形成されたことを見ていき、伝統的国家と国民国家の相違点を述べる。国民国家における主権は、国家や国民を内と外に分ける線引きの論理であり、内＝安全、外＝危険という安全保障概念により、対立が助長された。ナショナリズムは信条価値であり、戦争が単なる物や土地をめぐる争いではなく、イデオロギーによる殲滅戦《せんめつせん》となった。このように国民国家において、主権の概念による明確な領域性、ナショナリズムによる強い凝集力、また軍事技術の進歩などにより、戦争が激烈になった。

第二次大戦までは、戦争により経済成長をする場合もあったが、現在では短期的に一部の人びとや組織が潤うこともあるが、戦争は経済成長を伴わなくなった。にもかかわらず、軍産複合体が存在し、戦争を望む勢力があることも事実であり、これが戦争を作り出す場合もある。このように、今後の戦争の低減化に対して、経済的観点から戦争を考察することも重要であろう。

なお、本章では伝統的国家とは近代以前の国家、近代国家・主権国家・国民国家とは近代以降の国家、国家とは近代以前以降も包含した概念として使うことにする。

一　国家と戦争

国家と暴力の関係については、多くの論者が指摘している。社会学者のマックス・ウェーバーの古典的な国家の定義によれば（Weber 1919=1980:9）、国家とは、ある一定の領域の内部で正当な物理的暴力行使の独占を要求する人間共同体であるとしている。

まず「正当な暴力」という表現について、この表現はその言葉自体が一つの矛盾であり、論理的には不可能な表現であると、政治学者のダグラス・ラミスは指摘する（ラミス二〇〇〇：一六六）。『広辞苑』によれば、「暴力」は「乱暴な力、無法な力」と定義されている。これらの表現は、力の不当な使用を明瞭に意味しており、暴力とは不当なものということである。したがって、ウェーバーの定義は「正当な不当性」と語っているのである。このことはむしろ、ウェーバーの定義の問題というより、国家そのものに内包する矛盾、暴力を求心力にして構築された国家の存在そのものの問題点を指摘しなくてはならないだろう。

国家が暴力への権利を独占しているのは、社会における他のあらゆる暴力を圧倒し、違法な行為を取り締まるだけの物理的な力を持っているからに他ならない。社会の中で最も強いから、暴力を独占しているのである（萱野二〇〇六：五五―五六）。

このように、国家はそれ自体が合法的に暴力主体であると同時に、どの暴力が合法であり非合法であるかを決定できる権限を持っている（佐藤成基二〇一四：三四）。

このような様々な強権を国家に付与し、国家の暴力が正当であると信じられるようになった。この暴力が世界を安全に住める場所にすると言われている。国家による安全保障がなくなればどうなるかわからないという恐怖心を植えつけた。このことは哲学者のトマス・ホッブズ以来の現実主義的政治観の中で言われ続けてきたことであり、国家がなければ、人類は万人の万人に対する闘争という自然状態の中に陥《おちい》ってしまうとされた。私たちが国家に排他的な暴力行使権を許すならば、国家は私たちを守るためにこれを使用するということである。国家は私たちを外国から守るために交戦権を行使し、私たちをお互いから守るために警察権力と司法権力を行使する。これこそが近代国家を生み出した社会契約の一側面であろう。

しかし、本当に国家は自国民を守ることに成功したのであろうか。二十世紀の歴史を見れば、成功したとは言えないであろう。二十世紀において、人類史上最もたくさんの人が暴力による非業の死を遂げた。また、国家こそが大量殺人犯であり、さらに殺した多くの人びとは自国の市民でもあった（ラミス二〇〇〇：一六九－一七六）。

国家は暴力を独占する傾向が強く、物理的暴力により権力が担保されている。国家の暴力装置により安全が保障されていると言われているが、むしろ国民の安全が脅《おびや》かされ、戦争に結びつくことも歴史上多く見られたのである。

二　国民国家と戦争

（1）暴力の集中と国民国家

暴力の集中による権力機構の整備が、近代の国民国家において初めて完成した。つまり政治権力は国民国家の成立とともに最も明確な姿を現した。古代や中世社会において、暴力は武士や騎士、封建諸侯の間に分散し、そもそも封建社会が確立する前は、農民たちも武器を持って自衛していた。しかし近代に入り、刀狩り、廃刀令を契機とする中央集権権力への暴力の集中が、世界の多くの国家においても起こった。傭兵《ようへい》、やがては徴兵制による中央政府の軍隊が創設され、政治権力の物理的基盤となる。鉄砲を中心とする兵器の近代化が、この過程に拍車をかけた（高畠一九七六：五七）。

近代における主権国家体制が成立する前は、あらゆる暴力集団が戦争の主体になりえた。近代以後は、主権を持つものとして承認された暴力組織のみが戦争遂行のアクターになることができるようになった。近代の政治システムの中では、戦争は二つ以上の主権国家が国境を越えて行う武力紛争として定義された（萱野二〇〇五：一七九、一八二）。

近代において国民国家が形成されたことにより、さらに戦争との関係は深いものとなる。国際政治学者のクインシー・ライトは戦争が問題となってきた理由として、世界の縮小、科学の進歩や発明による歴史の加速化、軍事的発明の進展、民主主義の台頭の四つを挙げている（Wright 1983:4）。これらはどれも近代の産物であり、国民国家のもとで進行した。したがって、戦争が問題となった要因を国民国家との関係の中に見出すことができるのである。

（2）国民国家の特徴

国民国家は特定の領土において主権を主張し、厳密な法典を有し、軍隊による統制に支えられた統治装置を伴っている。国民国家の主要な特徴の中には、伝統的国家の特徴とはむしろ際立った対照をなすものがある。以下、伝統的国家と国民国家の相違点を三点にわたって述べる。

第一に、伝統的国家が支配した領土の境界は、多くの場合、明確に定められていないため、中央政府の及ぼす統制の度合いは極めて弱かった。しかし国民国家では、政府が明確な境界によって区画された地域に対して支配権を有し、その境界内で最高権力となる主権の観念が誕生した。

これが伝統的国家と国民国家との違いの一点目である(Giddens 1989=1992:295-296)。

この国民国家の領域性について、社会思想研究者の上野成利によれば(上野二〇〇六:三二)、一定の境界線で囲まれた均質な領域性という想定は、近代政治を根底で支える要石《かなめいし》の一つである。そうした均質な領域性を確立・維持すべく、内部と外部とを区別する包括・排除の暴力が近代世界において繰り返し行使されてきたのであった。境界線が引かれるところに常に近代性の暴力は発動してきたのであり、その意味で領域性はそうした暴力を可能にする不可欠の条件として機能してきた。

第二に、伝統的国家では住民のほとんどは、自分たちを統治する国王や皇帝についてあまり気にもとめず、関心を持たなかった。普通は支配階級やかなり裕福な集団だけが、国王や皇帝が支配する共同体に対し、共属感情を抱いていたにすぎなかった。対照的に国民国家では、その政治システムの領土内に住む人たちのほとんどが、共通の権利と義務を有する市民であり、また自分が国民の一人であることを認識しているのである。

第三に、第二とも関連するが、国民国家がナショナリズムの勃興と関係していることである。人はおそらく、家族や氏族、宗教集団など様々な種類の社会集団に、何らかのアイデンティティを抱いてきた。しかしながら、ナショナリズムは近代国家の発達によって出現した。ナショナリズムは、明らかに他と異なる共同体に対する強烈なアイデンティティの表出なのである（Giddens 1989=1992:295-296）。

伝統的国家と国民国家の相違点は、このように明確な境界による主権、共属感情およびナショナリズムに求めることができるであろう。これらは戦争と深く結びつき、戦争を引き起こすものとなり、場合によって戦争の激烈さを増大させる要因にもなっている。

（3）線引きの論理

国民国家における内と外を分ける主権概念に裏打ちされた線引きの論理は、内＝安全、外＝危険という安全保障概念とも密接である。そもそも安全保障概念は私たちの不安を前提としている。すなわちそれは、国際関係においては友・敵論に立ち、社会関係については個人間の関係を敵対的に捉え、また個人の主観レベルにおいては、予見不可能な未来に対する人びとの不安・危険をかき立てることによって成立してきた政治観である。今までの政治観は、国家による暴力の独占を、自然状態＝戦争状態と考えることで正当化し続けてきた。そのような政治観は、何世紀もかけて執拗《しつよう》に、私たちの不安や恐怖を取り除いているように見せかけつつ、国家による安全保障がなくなるならば、どうなるかわかっているか、というメッセージを送り続けていたのである（岡野二〇〇七：二二五―二三五）。

このような領土的思考様式と恐怖や暴力は、語源からしても密接な関係を持っている。いくつか説はあるが、政治学者の前田幸男によれば、領土（territory）は、ラテン語の土地や大地を意味するTerraからきている。これは怖がらせる、脅えさせるというTerrereと密接な関係があり、現在のテロ（terror）の語源でもある。したがって、領土（territory）とテロ（terror）は似たような語源を持つのである。つまり領土という語には、暴力の行使を通して占領した土地であることが含意されているのである（前田二〇二三b：一一八）。

（4）発砲率の上昇と戦争への駆り立て

このように戦争は、国民国家において激烈になった。それに伴い、国民国家体制下において、軍隊の発砲率も上昇してきた。本来人間は平和を好み、同類である人間を殺すことに抵抗感があるので、第二次大戦における米兵の発砲率は一五～二〇％だった。まさに人間は戦場において、良心的兵役拒否者になったのである。

しかし、軍隊は躊躇《ちゅうちょ》なく敵兵を殺せる殺人マシーンを養成するようになる。訓練用の射撃目標を人型にして実践で人間を殺すことに抵抗感をなくさせ、また、相手が人間以下であるとの洗脳をすることにより殺人への心理的距離をなくさせ、武器を高度化することにより殺人現場を見せなくして物理的距離を増大させた。これらのことにより、ベトナム戦争では発砲率は九〇〜九五%に上昇した（Grossman 1995=2004:41,61,77,390）。

さらに、政治家は外に敵を作ることにより、国家などの内集団の凝集力を高め、自らの支持率を上げることがある。つまり、外国と戦争をすることにより、内部の矛盾や対立から目を外にそらさせ、自身の政権基盤を高めるのである。

政治家らのプロパガンダにより、戦争へと民衆を駆り立てる方法を、イギリスの外交官で政治家であるポンソンビーは、戦争プロパガンダの十の法則とした。彼による第一次大戦中の考察を、歴史学者のアンヌ・モレリが、戦争へと駆り立てるプロパガンダとして、次のようにまとめた。①われわれは戦争をしたくない。②しかし敵側が一方的に戦争を望んだ。③敵のリーダーは悪魔のような人間だ。④われわれは領土や覇権のためではなく、偉大な使命のために戦う。⑤われわれも意図せざる犠牲を出すことがある。だが、敵はわざと残虐行為に及んでいる。⑥敵は卑劣な兵器や戦略を用いている。⑦われわれの受けた被害は小さく、敵に与えた被害は甚大だ。⑧芸術家も知識人も正義の戦いを支持している。⑨われわれの大義は神聖なものである。⑩この正義に疑問を投げかける者は裏切り者である（Morelli 2001=2015）。これらの手法は、政治家や軍人たちが、民衆に対して戦争へと駆り立てる常套手段として使われたし、現在でも多用されている。

三　経済的要請による戦争

(1) 戦争の経済的メリット

十九世紀から第二次大戦までの時代には、戦争の便益はコストを上回る傾向があり、その結果、軍拡を行い戦争に勝利した国では、経済成長率が高まることが多かった。これに対して、第二次大戦後には、軍拡をすればするほど経済成長率が鈍化し、経済の荒廃が進むという新現象が、いくつかの国で生まれてきた。

第二次大戦以前に戦争が経済成長をもたらした条件として、次のようなことが考えられる（藤岡二〇〇四：二一一—二一三）。第一に、戦勝国による敗戦国の領土の併合や賠償金の取り立てが自由にできた。第二に、敵との軍事技術に差があれば、短期に勝負がつき、コストがかからなかった。第三に、軍需と民需の壁が高くなく、軍事技術の成果を民需用技術に転換するのが容易にできた。第四に、不況時に戦争を始めると、軍事的需要が発生するが、代金は政府が払ってくれるので焦《こ》げつかない。第五に、広範な国民の間に愛国的熱狂を生み出せた。

しかし現在においては、これらの経済成長をもたらす条件が当てはまらなくなりつつある。さらにこの中には、人命の破壊、精神的負担、資源・コミュニティ・文化の損失などを含む総コストが、計算外に置かれているのは言うまでもない。

経済学者のポール・ポーストも条件がそろえば、戦争は経済にとって有益だとしている。その条件として、開戦時点での低経済成長、戦時中の巨額の継続的支出、紛争が長引かないこと、本土で戦闘が行われないこと、資金調達がきちんとした戦争であることなどである。ただし、経済的に効率的な戦争となるための基準の多くを、特にベトナム戦争以降の最近の戦争は満たしていないのである（Poast 2006=2007:104）。

(2) 軍産複合体の問題

近年、戦争が一部の指導者や国家の要請ではなく、産業界や多数の人びとの支持、特に経済的要請により行われるようになってきている。このような戦争の新たな状況を歴史家のフォルカー・ベルクハーンは、「新しい軍国主義」と定義している。彼によれば（Berghahn 1986=1991:198）、新しい軍国主義とは、工業化を達成し終わった高度技術社会に出現するものである。その特色は圧倒的に文民的な、大量消費社会の中で作動し、押しボタンによる核兵器の抑止力に依存する文民と軍との共生関係の中に存在するものである。そこに成立するのが、軍産複合体なのである。

新しい段階に入った戦争と平和の問題は、軍産複合体をもたらした。軍産複合体は、現代社会を大きく包み込む構造であり、現代の戦争の原因の一つともなっている。軍産複合体は、第三世界へ武器を供与し、その地域での貧困や紛争の原因ともなっている。戦争が発生すると、武器の在庫が一掃でき、さらに軍事予算が増額し、軍産複合体や民間軍事会社が潤うのである。このような経済的要請により、戦争への道を進むこともありえるのである。

（3）戦争の経済的デメリット

政府との契約を受けられる個別企業にとっては、戦争は経済的に有利なものとなる場合もある（Poast 2006=2007:105）。短期的、また一部の企業は戦争で潤うこともあるが、長期的に経済界全体から見れば、戦争は経済的にも大きなコストがかかる。

第二次大戦後には、今まで述べたように条件が変わり、戦争は当事国経済の衰退をもたらすようになった。その理由として次のようなことが考えられよう。

第一は、国際関係が変化し、内政干渉や侵略、領土の併合、賠償金の取り立てが国際的に禁止されたことである。

第二は、核軍拡のためのコストが暴騰したことである。核弾頭の運搬手段たるミサイルや戦略爆撃機、原子力潜水艦や空母、運搬手段をターゲットまで正確に誘導するための宇宙衛星や情報システムといった核兵器の付属部分の値段はどんどん高騰していった。一九四六〜九三年の間のアメリカの軍事支出総額は、一千五百四十兆円程度であり、軍事支出の四割弱が核軍拡関連の分野であった。一千五百四十兆円という額は、全米の製造業の工場・設備の総額に社会資本の総額を加えたものを上回っているほどである。

第三は、生産力の増強を競う時代に、軍事技術を民間に転換できないことである。明治期の日本のように生み出される軍事技術を民需部門に伝播し、民間の技術革新を促進できれば、軍事支出はその分だけ緩和されるであろう。しかし、核兵器を主軸にして宇宙空間にまで広がった軍拡は、民間には応用できないような特殊な軍事技術を過剰に発展させることになった。

第四は、軍拡の人間的・エコロジー的コストである。様々な核物質、核実験、劣化ウラン弾や地雷などによって、大地が汚染されたり、正常な経済活動ができなくなったりしたコスト、戦争で家族が解体させられたコスト、精神を病んだ人たちへの補償コストなどを含めると、軍拡と戦争の被害コストは天文学的数字となるであろう（藤岡二〇〇四：二一一―二一三）。

四　現在の戦争

（1）最近の問題

最近の戦争では、経済的負担は莫大な金額にのぼる。ノーベル経済学賞受賞者であるジョセフ・

スティグリッツは、二〇〇八年時点の著書で、アメリカに課せられるイラク戦争の経済的コストの総額は四百二十兆円としており、他の国に課せられるコストを合わせれば、総額は八百四十兆円にも達する。おそらく現時点ではそのコストはさらに増えているだろう。

また、戦争が終わってもコストはさらに増え続けていく。例えば、アメリカ政府は一九九一年の湾岸戦争で戦った自国の退役軍人に対して、毎年六千二十億円を超える補償金、恩給、障がい手当を払い続けている。障がい手当だけを見ても、二〇〇八年の時点で、合計七兆円以上も費やしているという（Stiglitz and Bilmes 2008=2008:6,8）。

イラクとアフガニスタンとの戦争におけるアメリカの負担経費も、今後何十年も続く。帰還兵の約五〇％は一定レベルの傷病手当を受け取る資格があり、その手当と退役軍人の医療費は百四十兆円に迫るか、もしくはそれを超える可能性が高い（Stiglitz 2012=2012: 308-309）。国際政治学者の進藤榮一によれば（進藤二〇一七：一二三、一一四）、イラク戦争の戦費について最近では、約一千兆円にも膨れ上がっているとも言われている。

現在、戦争は儲からないものになっている。にもかかわらず、軍産複合体等の存在により、戦争が作り出されている。また、戦争の経済的コストは莫大であり、国家財政をも圧迫しており、経済的観点からしても戦争の低減化が望まれているのである。

(2) 軍事費の無駄

軍需産業は、基本的に政府丸抱えの寡占《かせん》産業であるために、兵器価格は実質的なコストパフォーマンスを問うことなく高騰しつづける。しかも高額兵器は、同盟国向け高額のプレミアム価格を上乗せし、兵器会社と政商を介して高額な兵器となり、同盟国に売り込まれていく。このようにして膨大な金額を軍事部門に投じれば投じるほど、アメリカのものづくりの生産力が脆弱化《ぜいじゃくか》して、国際競争力が失われていくのである（進藤二〇一七：一二三、一一四）。

日本政府はアメリカから多くの兵器を買わされており、二〇一七年に防衛省が装備品を購入した相手は、第一位がアメリカで三千八百七億円となっている。以下、第二位は三菱重工業で二千四百五十七億円、第三位は川崎重工業で一千七百三十五億円である。

近年の日本のアメリカ製兵器の輸入は世界各国の中でも際立っている。二〇一〇年度は四億八千四百二十五万ドル（六百七十八億円）と世界十三位だったが、二〇一七年度は三十八億三千七百十一万ドル（五千三百七十二億円）で三位であり、八倍近くになった。一位はカタール、二位はサウジアラビア、四位はイスラエル、五位はイラクであり、日本を除くといずれも中東の紛争や衝突が多い国である（東京新聞社会部二〇一九：二三、二四）。

日本政府は、二〇一八年十二月に閣議決定した新しい中期防衛力整備計画を策定するにあたり、F35AとF35Bの計百五機を順次購入すると決めた。総額は約一兆二千億円で、背景には兵器売り込みで、対日貿易赤字を減らそうとするトランプ大統領の圧力があった。なお購入費だけではなく、維持整備費にも莫大な費用がかかる。F35Aだけでも三十年間で一兆二千八百七十七億円がかかるのである。このような状態なので、防衛予算の後年度負担であるいわゆる兵器ローンの借金残高は増え続けている。二〇一三年では三兆二千億円余りであったが、二〇一九年度予算案では、五兆三千億円余りで、当初予算として初めて兵器ローンの残高が年間防衛費を上回ったのである（東京新聞社会部二〇一九：一八、四二、七七）。

このように様々な局面で多くの軍事費が使われており、その上、結果としてテロリストなどの敵も作り出しているので、軍事費を削減することは喫緊の課題であろう。また、世界で巨大な権力と経済力を有している軍産複合体を縮小することは重要であり、それらの民生転換や軍事力主義の低減化も必要である。

おわりに

国家は、農耕社会よりも緊密性や強制性が強化されており、戦争との関係も密接になっていた。国家を所与のものと考えることを相対化し、国家そのものの暴力性を再認識する必要があろう。

暴力の集中による権力機構の整備が国民国家において初めて完成した。主権の概念により、国内においては支配が、国外においては主権の主張と境界線の膨張が進んでいった。ナショナリズムは十八世紀後半以降の現象であり、近代国民国家の所産であった（Giddens 1985:116-119）。そのナショナリズムの発生により、国家への忠誠心が強まり、戦争がより激烈になった。国民皆兵により戦う意思のない者、他国への憎悪のない者まで戦わされた。さらに総力戦により国家を挙げて戦争に狂奔し、軍事技術の進歩により戦禍が大規模になった。このように国民国家に内在する様々な特徴が戦争の原因となっている。

現在では、経済的観点や軍産複合体の視点から戦争原因を見ることは非常に大切であろう。市場や経済の直接的・間接的要請で戦争が生じる場合が多いからである。第二次大戦前までは、戦争が儲かることもあったが、現在では戦争は多くのコストがかかり、経済を疲弊させている。アフガニスタン戦争やイラク戦争など近年の戦争は莫大な費用を浪費している。

人を殺すことはよくない、とのメッセージとともに、もう戦争は以前のように儲からず、自分たちの経済もむしばむものだと主張することも重要であろう。

第三章　貧困・格差の現状

はじめに

現在、過度の競争や効率化を優先する経済至上の新自由主義が世界を席捲《せっけん》している。お金がお金を生む投機的なマネーゲームが流行し、強き者がより強く、弱き者がより弱くなっている。かたや肥満に悩みダイエットに余念がない人びとと、一方では餓死をする人びとがいる。このような世界はどこか間違っている。

冷戦後の二十年間に餓死および貧困に直接関係する病気で亡くなった人数はおよそ三億六千万人であり、二十世紀に起こった全ての紛争の犠牲者の数よりも多いと推定される（Duru-Bellat 2014=2017:13）。

本章では、貧困・格差の現状分析をするために、まずグローバリゼーションにより世界と日本の貧困・格差が広がる状況を説明し、貧困と富裕が世代間に連鎖していることを考察する。最後に、貧困・格差により病気や暴力が蔓延《まんえん》することも説明する。

一　世界の貧困・格差

（1）格差の現状

グローバリゼーションが急速に進み、それに伴い格差も確実に増大してきている。二〇一六年の世界の富豪上位八人の資産総額は、世界の下位三十六億人の財産に匹敵すると言われている（水野二〇一七：三八）。二〇二一年において、世界の上位一％の人びとの資産は、世界全体の個人資産の三七・八％を占め、下位五〇％の人びとの資産は全体の二％にとどまった。最上位の二千七百五十人（世界人口の〇・〇〇〇〇三四％）の資産だけで、三・五％にあたる約十三兆ドル（一千八百兆円）を占めた（日本経済新聞：二〇二一年十二月二十七日付）。

富裕層の頂点に君臨する保有資産が十億ドル（一千四百億円）以上のビリオネアは、二〇二〇年に世界で二千九十五人、保有資産の合計は八兆ドル（一千百二十兆円）にのぼる。二〇一〇年にはビリオネアは一千十一人、資産は三・六兆ドル（五百四兆円）だったので、人数で倍、資産額で二・二倍になった。また、保有資産が百万ドル（一億四千万円）以上のミリオネアは、二〇一八年に一千八百万人、保有資産六十八兆ドル（九千五百二十兆円）であった。一九九六年には四百五十万人、保有資産十六兆六千万ドル（二千三百二十四兆円）だったので、二十年余りで人数も資産額も四倍以上になったのである（太田二〇二〇：四七―五四）。

毎年約一億ドル（百四十億円）もの報酬を得ている大企業の役員がかなりいる。ＣＥＯ（最高経営責任者）と一般労働者の賃金格差は拡大し続けている。一九六五年には、約二十倍だったが、現在では約三百倍以上となっている。最大手のハンバーガーチェーンでは、二〇一七年には三千倍以上となっていた（Hickel 2020=2023:229）。

（2）世界における不正義の現状

現在、世界中で貧困・格差などが大きな問題となっており、不正義がまかり通っている。マネーゲームに走り、莫大な利益を得ている先進国のグローバル・ノースが存在する。その一方で、餓死をしたり幼い命が亡くなったりする先進国ではないグローバル・サウスが存在する。

やや古い資料であり、現在はさらに数字が悪くなっている可能性があるが、地球上の豊かな二割の人びとが、世界の肉と魚の四五%を、総エネルギーの五八%を、電話の七四%を、紙の八四%を、車両の八七%を使っている(伊藤二〇一二：四六―四七)。

また、命の格差も存在する。二〇〇八年のユニセフの調査によれば、最も子どもが多数死ぬシエラレオネでは、生まれてきた子どもの一千人中二百七十人が五歳の誕生日を迎える前に亡くなるのである。なお、日本では一千人中四人である(伊藤二〇一〇：四一―四二、一一)。

教育においても、大きな問題が存在する。アメリカの大学では、超富裕層の場合、子弟を入学させる合法的な抜け穴がある。多くの大学は高額の慈善寄付や、大学施設の建設資金提供者の子弟に特別入学枠を認めている(太田二〇二〇：一八九―一九〇)。このように、アメリカにおいて金持ちの子どもは、大学進学時に下駄をはかせてもらい、有利な状況にある。アメリカ流の大学経営が日本にも入ってきているので、日本もいずれ同じようなことになる可能性がある。

これらの数字を見てもわかる通り、様々な不正義が世界中でまかり通っており、このような問題を具体的に解決しなくてはならないだろう。

二　日本における貧困・格差

(1) 賃金と生産性の現状

貧困や格差はグローバル・サウスのみの問題ではなく、日本の問題でもある。一九八〇年代までは比較的多くの日本人に中流意識があったが、最近では中間層がなくなりつつある。人間が企業や資本のために徹底的に商品化され、使い捨てにされ、希望と誇りを失わされる事態が多発している。日本のマスメディアも連日のように、ワーキングプア、貧困と格差、非正規労働者などの問題を報じるようになってきている（暉峻二〇〇八：三四）。生命保険文化センターによれば（生命保険文化センター：二〇二四年一月二日アクセス）、非正規労働者は、二〇〇五年には一千六百三十四万人であったが、二〇二二年には二千百一万人と約一・三倍になっている。労働者全体の約四割が非正規労働者である。

国税庁の調査によると、二〇二一年の給与所得者の平均年収は四百四十三万円で、平均年齢は約四十七歳だった。そのうち正社員は五百八万円で、非正規社員は百九十八万円だった。ところで、平均年収四百四十三万円はあくまで平均値であり、最も多い分布は三百万円超四百万円以下で、約一七％を占めている。三番目に多いのが二百万円超三百万円以下で約一五％であり、三人に一人が二百万円超四百万円以下の収入となっている。金融不安が起こった一九九七年と二〇二一年の四十代男性の年収を比べると、四十歳から四十四歳では六百四十五万円から五百八十四万円となって年間六十一万円減り、四十五歳から四十九歳では六百九十五万円から六百三十万円で年間六十五万円減ったのである（小林美希二〇二三：三二—五）。

日本は平均的な賃金額と比較して、最低賃金は非常に低く、先進国など三十八か国が加盟する経済協力開発機構（ＯＥＣＤ）諸国の中でチェコとともに最下位の三六％である（橋木二〇一六：四九—五〇）。なお平均賃金は、二〇二〇年の調査で購買力平価によると、ＯＥＣＤの中で三十五か国中二十二位だった。一位のアメリカは七百六十三万円で、韓国は二〇一五年に日本を抜いている（小林美希二〇二二：二〇〇—二〇二）。日本は三十年間賃金が伸びていない国であり、過去最高だった一九九七年の実質賃金を一〇〇とすると、二〇一九年は九〇・六と減少が続く。アメリカが一一八、イギリスが一二九など増加傾向になる中、日本だけが減っている（中藤二〇二一：八九—九〇）。

大卒入社一年目の年額基本給は、スイス九百二万円、アメリカ六百二十九万円、ドイツ五百三十一万円、フランス三百六十九万円、韓国二百八十六万円、日本は二百六十二万円で、十四か国中四番目に低かった。日本より低かったのは、台湾、中国（北京・上海）、タイとなっている（中藤二〇二二：一〇七—一〇八）。

近年、労働者一人当たりの生産額である労働生産性も落ちている。日本の経済成長の柱であった製造業における労働生産性は、二〇〇〇年は世界第一位であったが、二〇〇五年八位、二〇一〇年十一位、二〇一八年は十六位にまで低下した。低い労働生産性こそ日本経済低迷の理由である。労働生産性低下の理由として、第一に、株主還元のため株主への配当が高まり、将来の不確実性を危惧し内部留保が大きくなり、その結果、企業の設備投資が停滞したことである。第二に、機械やコンピューターといった物質的な設備投資に加えて、研究開発、特許、ブランド、ネットワーク、人工知能など非物質的設備投資も停滞したことである。第三に、日本では公的教育支出が少なく、学費も高騰し、教育格差が広がり、優秀な人材を幅広くリクルートできなかったからである（橋本二〇二一：三八—四〇）。

（2）格差の現状

格差の度合いを示すジニ係数は、〇が格差なしであり、一が最大格差であるが、二〇一四年から二〇一七年にかけて、日本のジニ係数は〇・三三九であり、OECD諸国平均の〇・三一七より大きく、順位でいえば、三十六か国中悪いほうから十二番目である。日本よりジニ係数の大きい国には、チリやメキシコ、トルコなど新興国が含まれており、北欧、中欧の主要国は全て日本よりジニ係数が小さいのである。グローバル・ノースの中では、アメリカ、イギリス、韓国、スペインに次いで五番目にジニ係数が大きく、日本は格差が大きいと言える（橋本二〇二〇：四二）。

スイスの国際経営開発研究所が発表する経済的な国際競争力ランキングでは、一九八九年から四年連続で日本は世界一位だった。しかし、一九九六年に四位に、二〇〇九年十七位に、二〇一九年は三十位になった。多くの経済指標において、日本は世界一位どころの話ではなく、アジア諸国で一位を確保していた時期ですら二十年以上前の話なのである（兪二〇二一：二五一–四〇）。

日本では、所得再配分の前と後で、ジニ係数を見ると、六十五歳以上の高齢者世帯では改善率が五二・五％であるのに対して、現役世帯を中心とした世帯では、二一・〇％に留まっており、格差が改善していない（宮本二〇一七：一四）。つまり、税や社会保障などの再分配が機能していないということである。

（3）「溜め」のない社会

社会学者の湯浅誠によれば（湯浅二〇〇八：六〇―六一、七九）、日本は滑《すべ》り台社会であり、うっかり足を滑らせたら、どこにも引っかかることなく、最後まで滑り落ちてしまうと言われている。現在、雇用・社会保障・公的扶助の三重のセーフティネットが機能せず、さらに住む家がなく、食べられないので、罪を犯して自ら刑務所に入ることを望むといった現状がある。つまり第四のセーフティネットが刑務所になっているのである。生活できないから犯罪をする、食えないから刑務所に入りたかったという事例が多発している。これらのことは単に景気が悪いからでは片づけられない。

最近「溜《た》め」のない人びとが増えているという。「溜め」とは有形無形様々なものがあり、広い意味での社会関係資本とも言えよう。社会関係資本とは、他者への信頼、絆、規範、ネットワークの総体であるソーシャル・キャピタルのことである。お金の他に、頼れる家族、親族、友人がいるというのは人間関係の「溜め」、自分に自信がある、何かをできると思う、自分を大切にできるというのは精神的「溜め」である。このような「溜め」のない人びとはセーフティネットにもかからず、急速に滑り台を転げ落ちてしまう。

このような「溜め」のない人びとは五重の排除を被《こうむ》っていると言われている。第一は教育課程からの排除で、親世代の貧困がその背景にある。第二は企業福祉からの排除で、非正規雇用・雇用保険・社会保険・福利厚生からの排除である。第三は家族福祉からの排除で、親や子どもに頼れないということである。第四は公的福祉からの排除である。生活保護申請の窓口などで、若い人には、「まだ働ける」「親に養ってもらえ」、年老いた人には「子どもに養ってもらえ」、母子家庭には「別れた夫から養育費をもらえ」「子どもを施設に預けて働け」、ホームレスには「住所がないと保護できない」などと言われる。第五は自分自身からの排除である。第一から第四までの排除を受け、しかもそれが「自己責任」論によって「あなたのせい」と片づけられ、さらには本人自身がそれを内面化して「自分のせい」と捉えてしまう場合、人は自分の尊厳を守れず、自分を大切に思えない状態にまで追い込まれる。

湯浅のこの本は十数年前に出版されたものであるが、状況は良くなっておらず、貧困・格差がさらに広がっている現在でも通用する論であろう。

(4) 社会的排除と孤独の問題

社会学者の阿部彩によれば(阿部二〇一一:九三、五一六)、現在、社会的排除が大きな問題となっている。社会的排除は、資源の不足そのものだけを問題視するのではなく、その資源の不足をきっかけに、社会における仕組みから脱落し、人間関係が希薄になり、社会の一員として存在価値が奪われていくことを問題視することである。会社を解雇されれば、給与がもらえなくなるだけではなく、社会保険から脱落し、職場の人間関係を失い、社宅に住んでいれば住居さえも失う。失業期間が長くなれば再雇用は難しくなり、貯蓄も底をついて国民健康保険も払えなくなり無保険となる。再就職に失敗すればするほど、自尊心が傷つけられ、頑張ろうという気持ちが奪われる。楽しめるはずの場所でさえ、行くことが恥ずかしくなってしまう。このように日本においても貧困・格差が重層化し、負のスパイラルに陥っており、さらに社会から排除され、孤独になってしまう。

イギリスでは二〇一八年一月に孤独担当大臣を置くことが発表された。この理由は、友達を作れない子ども、初めて子を持つ親、友人や家族に先立たれた高齢者といった人たちの中に孤独状態が慢性化すると、健康に害を及ぼし、人とのコミュニケーションができなくなるからである。孤独は一日タバコを十五本吸ったのと同等の害を健康に与え、雇用主には年間約三千七百億円、経済全体に四・七兆円の損失を与えるのである。また日本では、若い人ほど孤独感が強く、二十歳から三十四歳では男女とも「とても孤独を感じる」と答えた人の割合が七％台となっている。男女別では女性のほうが孤独感が強く、二十歳から二十四歳の女性では「とても孤独を感じる」「孤独を感じる」の合計が三割を超えるのである（三浦二〇二二：一五七―一六八）。

このような状況の中、日本でも「孤独・孤立対策推進法」が二〇二四年四月より施行され、孤独や孤立から脱却することが急務とされている。

三　貧困の連鎖

（1）スタートラインが異なる社会と自死

生まれた時からスタートラインが異なるという機会の不平等が存在し、セーフティネットの崩壊や滑り台社会化がそれに追い討ちをかけている。社会全体の貧困化が進み、ホームレスやネットカフェ難民が増え、刑務所がいっぱいになり、児童虐待が増え、子が親を殺し、親が子を殺している。社会は全く強くなっていないのが現状である。「溜め」を奪われ社会的排除を被った人びとは、体力が落ち、免疫力が低下し、短命化する傾向にある（阿部二〇二一：一三〇－一三四）。

本来、スタートラインが同じでなければフェアな競争ではないが、明らかに貧困は連鎖しており、近年では「親ガチャ」という言葉も使われている。二〇一一年度において、一人親世帯の子どもの貧困率は五三％を超えている。二〇一四年度において、父親が非正規雇用である世帯の子どもの貧困率は三三・四％であり、正規雇用の場合は六・七％に留まっている（宮本二〇一七：四－五）。ただ、三菱ＵＦＪリサーチ＆コンサルティングによると（三菱ＵＦＪリサーチ＆コンサルティング：二〇二四年一月二日アクセス）、最近では子どもの貧困率が下がってきており、二〇一八年は一四・〇％、二〇二一年は一一・五％となっている。しかし、グローバル・ノースの中では、かなり悪い数字であることに変わりはない。

nippon.com によると（nippon.com：二〇二四年一月二日アクセス）、二〇二〇年度の自殺対策白書では、Ｇ７の国々で若者（十五歳から三十四歳）の死因のトップが自死であるのは日本だけであり、他の国は事故が最も多い。自死率は、一位日本一六・三%、次いでアメリカ一四・一%、カナダ一〇・六%、フランス七・九%となっている。日本は、世界で最も若者が生きにくい社会となっている。これは病んだ社会であり、改善しなければ、今後さらに不満や暴力が噴出する可能性がある。

(2) 教育における連鎖する貧困

生まれ落ちた先によって人生が大きく制約される社会は、真に公正な社会であろうか。日教組のアンケート調査で、家庭の経済力の差が子どもの学力に影響していると感じている教職員が八三%に達している(湯浅二〇〇八:五八)。

全国学力テストの結果によると、中三の数学Bでは、世帯年収一千二百万から一千五百万円の子どもの正答率が五七・五%だったのに対して、二百万円未満は三八・〇%となるなど、年収によって差が開いた(日本経済新聞:二〇一二年一月十九日付)。また、親の学歴による格差も見られ、二〇一三年の中三数学Bでは、父親が大卒の子どもの正答率は四一・四%で、高卒の場合の三七・六%より高かった(日本経済新聞:二〇一四年三月二十八日付)。これは親の貧困が子どもの学力、ひいては子どもの将来に大きく影響を与えていることを示している。自分の努力ではなく、偶然どこに生まれるかで、ある程度人生が決まってしまうのは公正な社会ではない。

現実の教育格差を見てみると、学校外教育費は年収四百万円未満では月額八千円だが、八百万円以上だと月額二万五千円となっており、高収入家庭は、低年収家庭の三倍以上も学校外教育に支出している。また塾に通うと中学校の数学のテストの平均点が二十点上がるのである（橘木二〇二一：六八―七五）。

さらに日本の公的教育支出は少なく、二〇一八年の公的教育支出の対ＧＤＰ（国内総生産）比率は、日本がＯＥＣＤ諸国三十五か国の中で最下位だった。一位がノルウェーの六・三％、韓国とアメリカは四・一％、日本は二・九％で平均は四・二％となっている（橘木二〇二一：五七―五九）。

教育格差が広がると、結婚にも影響してくる。二〇一九年の厚生労働省の調査によれば（橘木二〇二一：一二一―一二九）、日本では生涯未婚率も上昇していて、男性は四人に一人、女性は五人に一人は未婚である。二〇一〇年の内閣府の調査では、三十代男性で、年収三百万円未満では、既婚者は一〇％を切っており、恋人なしが三八・八％、女性との交際経験なしが三三・六％となっている。このようなことにより、少子高齢化に拍車がかかるのである。

さらに、児童虐待や施設出所者、一人親世帯等の問題も連鎖している。児童虐待の背景には親の貧困やストレスがあり、さらに親自身が子どもの時に虐待された経験を持っているケースが多い。社会学者の駒村康平によれば（駒村二〇一五：四四−四五、一六二−一六三、二一五）、施設出所者の生活保護受給率は九・五％で、都内の生活保護受給率一・八％と比べて、五倍以上高い。

一人親世帯もかなりパターン化してきている。子ども時代の貧困経験、生活保護受給経験、十代での結婚・妊娠、高校中退、早い離婚、低い賃金と悪い労働条件、健康の悪化、子どもの障がいなど、原因は類似している。このような劣悪な状況で育てられた人は、自分の周囲で一生懸命働いている人や勉強をしている人をあまり見たことがないという環境で成長した人が多い。低所得者の大学進学率が低いのは、大学を目指す気持ちや自分の将来への希望が、早い時期から育《はぐく》まれなかったことにも原因がある。このようなことから、大学進学時期よりはるか以前から支援が必要なのである。

四　富裕の連鎖

（1）金持ちがより金持ちに

格差拡大の要因は、貧乏人がより貧乏になるとともに、金持ちがより金持ちになっている現状があるからである。貧困も連鎖しているが、富裕も連鎖している。

東京商工リサーチによると（東京商工リサーチ：二〇二四年一月二日アクセス）、一億円以上の役員報酬は、二〇一〇年には、二百二十九社三百六十八人だったが、二〇二二年には四百七十四社九百九十四人にも増えている。コンサルティング会社のＷＴＷによれば（ＷＴＷ：二〇二四年一月二日アクセス）、二〇一三年を一〇〇と考えると、社長の報酬水準は、二〇二三年には一五八、執行役員は一二三、従業員は一一二となっており、明らかに役員のほうが増加率は高くなっている。

また数字上、全ての日本人は一人当たり平均で約一千万円以上の金融資産を持っていることになる。四人家族であれば、四千万円以上の金融資産があることになっている（武田二〇一四：二一一二）。このような現実は一般の庶民には夢物語であり、ごく一部の人が大量の資産を持っているので、平均値を上げているに過ぎない。このように格差の増大、富の偏在が現在大きくなっている。

（２）金持ち優遇政策

格差増大の要因は、大企業や高所得者優先の税制も大きく影響している。一九八八年と二〇一〇年の比較をしてみると、大企業の法人税率は四〇%から三〇%、高所得者の所得税率は六〇%から四〇%（なお一九八〇年は七五%）、相続税の最高税率は七五%から五五%に大幅に減っている。高所得者は所得の一五%から二五%を貯蓄にまわし消費に使わないので、このような金持ち優先の税制により、その分消費が増えないことになる。下層の人びとはほぼ全額を消費に充てるので、庶民の収入が減った分だけ社会全体の消費が減り、景気がさらに冷え込むことになる（Stiglitz 2012=2012:144）。

日本における富裕層の税負担率はかなり低い。二〇〇九年における日本の所得税は十二兆九千百三十九億円に過ぎず、アメリカでは百四兆八千三百億円になっている。アメリカの経済規模は日本の三倍程度なので、経済規模から言えば、三倍程度でないとおかしい。また、日本のほうが最高税率が高いので三倍以内の差になるはずである。しかし全くそのようにはなっておらず、一桁違う状況である。

この理由は日本における富裕層の税負担がかなり少ないからである。例えば、年収三億円の社長と年収四百三十万円のサラリーマンの所得税と社会保険料の合計の負担率は、社長が五千四百三十八万円で約二一％に対して、平均的サラリーマンは百四十九万円で約三五％となっている。サラリーマンのほうが負担率は一四ポイントも多いのである。富裕層は優遇税制があり、また社会保険料は掛け金に上限があり、いくら収入が多くてもそれほど払わなくてよいからである（武田二〇一四：二八―三三）。

富裕層ほど、勤労所得よりも金融所得（主に株式売買益）の比重が高いが、日本では金融所得は累進課税ではなく、一律二〇％の固定税率となっている（山田二〇二三：一一二）。

経済学者のトマ・ピケティも明らかにしたように、資産保有による所得が勤労による所得を上回っている。汗水流して働くのではなく、資産運用によってお金を儲けている。この運用には、後に述べるタックス・ヘイブンや一秒間に千回以上もの取引をする投機的なマネーゲームによるものが多い（上村二〇一六：六、一五一）。

日本において、一九九七年までは、企業の利益が上がれば、賃金は上昇していた。しかし一九九八年以降は、利益と賃金は逆相関するようになり、賃金を削って利益を確保するようになった。利益を確保するために賃金を下げれば、当然ながら消費は低迷する。特に賃金の多くを貯蓄や投資ではなく消費に回す貧困層を直撃し、ますます消費は低迷する。企業で確保された利益は富裕層の株主に配当されるか、企業の内部留保として貯め込まれ、消費にはさほど回らず、景気がより悪化する（橋本二〇二〇：三六八–三七〇）。

大多数の人びとの犠牲の上に、ほんの一握りの強者を優遇するのは倫理的にも間違っている。また、富裕層は消費よりも貯蓄や投資に回す割合が多いので、経済効果の面でもマイナスなのである。したがって、富裕層への課税を強化する必要があろう。実際の富裕層への課税方法として、相続を通じて次世代に富が譲り渡された時に課税する。資本売却益や資本配当などの収入に税金をかける。株式として持っている資産にも毎年、財産税などによって税金をかけることが考えられる（Shafik 2021=2022:212）。

高所得者は、もともと自分たちが遺産相続、家庭環境などの初期条件に恵まれていることを無視する傾向が強い。自分たちが豊かになったのは、リスクに挑戦し、かつ大変な努力を重ねたからであり、成功の報酬として高額の所得を稼いでいるのだ、と錯覚している（橋本二〇一六：八六）。しかし実態は、初期条件に恵まれていて、スタートラインが違っていたにすぎない例が多いのである。

（3）タックス・ヘイブンによる税回避

所得税の金持ち優遇の逆進性の上に、租税回避が行われていて、富裕層や大企業は税をかなり逃れている。租税回避はタックス・ヘイブンとも呼ばれ、まともな税制が存在しない所に本社だけを置き、税をほとんど支払わないのである。そこでは、固い秘密保持法制があり、金融規制などの法規制が欠如している特徴を持っている。このタックス・ヘイブンで行われていることは、高所得者や大企業による脱税・租税回避、マネー・ロンダリング、テロ資金への関与、巨額投機マネーによる世界経済の大規模な破壊である（志賀二〇一三：五—六）。

もともと、タックス・ヘイブンは、イギリス王室が課税逃れのために、自分たちの王領に資産を移していったことが出発点だと言われている。戦後のイギリスの金融立国への道のりと旧植民地の金融植民地化、ならびに新たに法人税を下げることで企業が活躍しやすい経済特区的な潮流を作り出すことで、拡大してきたのがタックス・ヘイブンと言える（上村二〇一六：二七—二九）。

このタックス・ヘイブンを多くの大企業は利用しており、タックス・ヘイブンに秘匿《ひとく》されているのは、およそ五千兆円である。世界のＧＤＰの合計が八千五百九十兆円くらいであるので、半分以上はタックス・ヘイブンに秘匿されていることになる。これにきちんと課税すれば、年間三十一兆から五十七兆円の税収が得られると試算されている（上村二〇一六：四二―四三、五九―六〇）。

貧困層をはじめとして一般民衆は源泉徴収などで、きちんと税金を徴収されるのに、巨額なマネーを所有している富裕層や大企業が租税を回避しているのは、大きな不平等であり、格差拡大の主要な原因ともなっている。正直者が馬鹿を見る社会、税金をまじめに納めた者が損をする社会は間違っている。

タックス・ヘイブンは書類上だけ本社を海外へ移し、自国へ税金を支払わない仕組みである。例えば日本の企業は、日本の税収で整備されたインフラを利用し経済活動を行っているので、本来は課税されなくてはならないはずである。金融、企業活動はグローバル化しているが、法律が追いついていないためにこのような現象が起こる。今後、様々なグローバル・タックスが作られ、世界的に平等な課税がなされ、格差是正や諸問題の解決を図る必要がある（上村二〇一六：五二―五四）。

富裕層も世代間連鎖をしており、たまたま生まれたところが良いと豊かな人生を送れ、自分の実力以上の経済力や権力を得られる。それに対して大多数の人びとは不満を増大させ、場合によってはそれがテロや紛争に結びついている。富裕層の富の一部を分配することにより、社会不安が減少し、税金も増え、豊かで治安の良い社会になるのであれば、富裕層にもプラスになるのである。

五　貧困・格差による病気と暴力

（1）病気や死亡率が高まる貧困・格差

貧困・格差の問題は単なる経済事象に留まらず、これらにより病気になる割合も大きく上昇し、さらには暴力や犯罪率も増大する。長いスパンで見ると、どのような両親のもとに生まれ育ち、どのような人を配偶者に持つかで、本人の健康状態も変わってくる。子ども時代に貧しかった人ほど、大人になってからの死亡率が高い（近藤二〇一〇：九二―九四）。格差の少ない社会では寿命が延びる。つまり税金などを通じて所得の再分配を行うことは、健康政策でもある（カワチ二〇一三：五三）。

社会的に孤立した人は死亡率が高い傾向がある。人間は社会的動物であり、一人で孤立しては生きられない（近藤二〇一〇：七七、八〇）。以前の日本では、人びとの絆、隔たりのない社会が日本人を長寿にしてきた（カワチ二〇一三：五）。現在はつながりや絆も薄れ、格差社会になっているので、今後日本人の寿命が短くなる可能性がある。

今までは、病気の原因として、ウイルスや遺伝、近年では生活習慣などが着目されてきた。しかし、最近ではさらにもっと視野を広げて考えるようになってきている。病気や死亡率を減少させるためには、単に医学の知識だけでは足りなくなってきているのである。

病気は複合的要因によってなるのであり、身体内部の要因のみならず、ストレスなど心理的要因、労働時間やコミュニティとの関わりなど社会的要因、貧困・格差などの経済的要因、自然との関わりを含む環境的要因などが病気に関連している（広井二〇一五：九三）。

命にも格差が存在し、男性高齢者三万人弱を四年間追跡調査した結果、低所得者の死亡率は高所得者の三倍にもなっている（近藤二〇一〇：四―五）。現在の医学は狭義の対症療法的医学ではなく、病気の原因をよりさかのぼって考える必要がある。したがって、病気を治すためには、医者のみではなく、様々な専門家の協力が重要である。

（2）高所得者の特徴

高所得者と病気や健康の関係は、どのようになっているのか。

高所得者の特徴として、第一に、転びにくいということがある。高齢者が転倒、骨折し要介護状態になるケースが多く、転ばないということは重要である。ちなみに、仕事をしている人は骨折が二割少なく、高所得の人は骨折が二割少なく、一戸建てに住んでいる人は骨折が一割少なく、結婚していない人は骨折が四割多いという結果も出ている。医学書には骨折の危険因子は骨がもろくなる骨粗しょう症とは書いてあるが、所得が低いこととは書いていない。したがって、医学以前の様々な状況も考慮しなくてはならないのである。

高所得者の特徴の第二は、よく眠るということである。不眠症の割合は年収二百万円未満の人で六〇・一%に対し、四百万円以上の人では四八・九%と一〇ポイント以上少ない。教育年数が短く、所得が低い人ほど、不眠症を訴えている。

第三は、明るく、うつが少ないということである。男性に限ると、うつは年収四百万円以上の人では二・三%にすぎないが、百万円未満では一五・八%と六・九倍も多くなっている。

第四は、要介護リスクや虐待が少ないということである。要介護者は、高所得層で三・七%、低所得者では一七・二%で約五倍も多くなっている。

第五に、元気で長生きで、死亡率が低いということである。男性に限ると、高所得者の死亡率は一一・二％で、最低所得者（生活保護受給世帯）では三四・六％と三倍以上になっている（近藤二〇一〇：一六─二四）。

今後、高所得者は財産を投資して人体改造をやり、遺伝子エリートが生まれるかもしれない。デザイナー・ベイビーを創り出し、遺伝子操作やサイボーグ化により、持てる者と持たざる者が、遺伝子エリート「ジェンリッチ（遺伝的富裕者）」と「ナチュラル（天然人）」に分かれるかもしれない（Scheidel 2017=2019:547）。

（3）社会的孤立が進む現在

社会関係資本が豊かな社会は孤立した人を作らない包容力のある社会である（稲葉二〇一一：四九）。だが日本は、主要なグローバル・ノースの中で最も社会的孤立が高い。社会的孤立とは、基本的に家族以外の者とどれくらい交流があるかということで、日本の場合、こうしたコミュニケーションが極めて少ない。日本社会の場合、集団の内と外、あるいは身内と他人という区別ないし境界が強く、集団の内部ではしばしば過剰なほど気を遣い、「空気」の中の同調的な行動が強くなるが、集団の外の者に対しては無関心か、潜在的な敵対性が基調になるという傾向が見られがちである（広井二〇一七：四六―四七）。

また、国際社会調査プログラムによると、社会的信頼度に関する質問（「他人と接するときには、相手の人を信頼してよいと思いますか。それとも用心したほうがよいと思いますか」）というものに対し、信頼できると回答した人の割合は、ＯＥＣＤに加盟する二十四か国のうち日本は十九位だった（井手二〇一七：二一三）。

不信感を持っている人が多いところほど死亡率が高く、分断社会は健康に悪く、格差の大きい社会では治安が悪く、殺人事件も多いのである（近藤二〇一〇：一三四―一四二）。逆につながりなどの社会関係資本が豊かであれば、病気になりにくく、長寿になる。社会的に孤立をすると、風邪さえも引きやすくなる。社交的な人は、外に出かけウイルスにさらされる可能性が高いにもかかわらず、風邪をひく確率は孤立した人より二割低くなる（Bartolini 2010=2018:250）。

予防医学者の石川善樹によれば（石川二〇一四：二二）、つながりが少ない人は死亡率が二倍になる。お見舞いに来てくれる人の数で余命が変わる。女性が長生きなのはつながりを作るのが上手なことも関係する。このようにたくさんのつながりを持つほど長寿であり、つながりが幸せ感を高めるのである。

（4）格差と暴力の関係

格差と暴力も密接な関係を持っている。社会関係資本が豊かな国や地域ほど、経済成長率が高く、出生率が高く、犯罪や虐待が少ないという結果が出ている（近藤二〇一〇：一三五）。アメリカにおける自死・他殺・事故で亡くなる可能性を見ると、人とのつながりが薄い人、例えば結婚していない、親族がいない、教会に通っていない人びとは、死亡のリスクが二倍以上になる（カワチ二〇一三：一三二）。アメリカにおいても、格差が大きい社会ほど人を信用する割合は低く、暴力が蔓延するなど、格差と殺人は相関関係がある。格差の大きい地域ほど敵意指標が高くなり、人種や宗教などのグループ間の対立が激しく、人種間の偏見が高いのである（阿部二〇一一：一三〇―一三四）。

また、貧困と戦争も密接な関係があり、貧困は戦争への精神的免疫力を低下させる。若者を戦争に駆り出すために、徴兵制や軍国主義イデオロギーよりも効果的な方法がある。まともに食べていけない、未来を描けない、という閉塞《へいそく》した状況に追い込み、他の選択肢を奪ってしまえば、若者は「志願して（ボランタリーに）」入隊してくる。さらに排外主義的傾向が強くなり、ナショナリズムが高揚するようになる（湯浅二〇〇八：二一二―二一三）。

また、格差と環境も相関関係にあり、格差が小さい国ほど、環境のパフォーマンスが良好な国が多い。格差が大きいと、再分配への合意が低く、パイの拡大や経済成長による解決を求め、環境への配慮や持続可能性は後回しになるからである（広井二〇一三：一八一―一八二）。

このように貧困・格差が、病気、死亡率、暴力、戦争、環境にも大きく関与している。つまり貧困・格差は単なる経済問題ではなく、様々な問題と密接に関係しているのである。

おわりに

生まれ落ちた場所によって人生が制約されるのは、本当に自由な社会なのであろうか。生まれた時のスタートラインがすでに違っていて、本人の努力によってどうにもならない社会は本当に公正なのであろうか。確かに、人間はそれぞれ全く異なって生まれてくる。その違いを個性と捉えてその人の可能性を発揮でき、平和に人生を満喫できれば、あまり問題は生じないが、現実はそうなっていない。今の世界はどこかおかしいと感じている人は多いであろう。

貧困・格差問題はグローバル・サウスばかりでなく、グローバル・ノースにおいても見られた。日本も滑り台社会と言われ、一度落ちたらはい上がれない仕組みになっていた。格差は増大しており、その要因として大企業や高所得者優先の税制や税逃れなどがあった。「溜め」がなく社会的排除を受けた人びとは、貧困は自分の努力不足のせいだと「自己責任」論を内面化してしまい、さらには閉塞感から排外主義へと進んでしまう。

貧困と富裕の世代間連鎖も進んでいた。スタートラインが同じでない不公平な社会ができていた。日本や世界において、分断、憎悪、敵対が進行している。貧困・格差により病気や暴力や殺人まで増大していた。私たちが安心して暮らせる平和社会がまさに崩壊しつつある。

今まで日本の経済がうまくいっていたのは、投資家のマネーゲームのおかげではなく、勤勉で優秀な人材が豊富にいたからである。非正規雇用が増え、週四十時間働いても結婚できず家族が持てない社会となっている。今の日本の状態では、人材の質が下がっていくのは目に見えている。それは日本の最大の資源である人材を枯渇《こかつ》させるということである（武田二〇一四：九五）。

貧困・格差は全世界で確実に増大している。まさに現在は、経済成長という宗教、技術の進歩に対する盲目的な信仰、消費主義という妄信的な教えに席捲されている（Latouche 2010=2013:11, 112）。私たちは、自分たちが作り出した効率・物質至上主義の文明そのものも問い直さなくてはならない。富裕者、権力者中心ではなく、貧しい虐《しいた》げられた人を慈しむ視点や政策が求められる。そのような政策をとり、富の再配分が機能すれば、富裕層にとっても住みよい社会となるのである。

第四章　貧困・格差の是正

はじめに

本章では、まず様々な問題を解決するのに、それほどのお金は必要のないことを指摘し、次に、教育における貧困・格差の問題を説明する。その後、貧困に関する比喩が現状を反映していないことを考察する。さらに、貧困・格差を是正するための具体的政策として、ベーシック・インカム、ベーシック・サービスとグローバル税制を取り上げ、富の再分配によって公正で平等な社会を目指すことを論じる。

一　是正のための方途

（1）貧困の解消法

世界における極端な貧困を解消するためには、それほど多額の費用は必要ない。その金額は年間およそ五兆五千億円で、さらに栄養、医療、教育などに関するミレニアム開発目標を達成するには、十六兆五千億円ほどの予算が確保できればよいのである。毎年の世界の軍事費は二〇二二年現在、約三百兆円で、税金を回避するタックス・ヘイブンには毎年約百兆円もの膨大なお金が流れ込んでいる（Duru-Bellat 2014=2017:108）。その一部の費用で極端な貧困は解消できるのである。

ミレニアム開発目標にもあったように、富裕国の国内総所得の〇・七％を貧困国に移転するだけで、貧困が半減する。富裕国の生活水準をそれほど落とさずに、人びとの生命が救える。経済学者のアンソニー・アトキンソンも同様なことを主張しており、推定十二億の人びとが一日一・二五ドル以下で暮らしており、これらの人びとを貧困線以上に引き上げるための必要金額は、三百六十五日×一・二五ドル×十二億人＝五千五百億ドル（七十七兆円）となっている（Atkinson 2015=2015:268）。富裕国や富裕者の余剰分の一部を貧困問題に充てればよいので、これらは持てる者の義務であろう。さらに言えば、豊かな人の一部の資金を充てなくても、分配をうまくやればかなり解決できる可能性がある。

（2）教育における是正

日本では多くの人が、子どもの世話は親などの家族がやるべきだと考えており、そのことが子育て支援などの教育費の政府支出が少ない原因ともなっている。二〇一二年に各国で行われたアンケート調査では、「就学前の子どもの世話は主に誰が担うべきか」という項目に、日本では八割が家族と答えていた。しかし、北欧では六割から八割が政府や自治体と答えている。つまり公立の認可保育所がまず面倒を見るべきだということである。フランスでは家族でも政府でもなく、民間が面倒を見るべきという答えだった。つまり認定保育士やベビーシッターが面倒を見るべきだと考えられている（柴田二〇一七：一八七―一八八）。

日本において老人世代への社会保障は比較的手厚いが、子ども・若者世代に対しては低い。これらの貧困の連鎖を食い止めるためには、公的資金を教育に充て、まずはスタートラインを同じにする必要がある。そうすれば、ある程度時間は必要だが、教育を受けてきちんと就職をすることによって税金を払うようになり、経済効果が上がる。教育への投資は、このように一石二鳥なのである。

例えば、公共事業に追加予算を投入した時の経済効果は、最大一・一倍で、法人税減税の経済効果は最大〇・六倍だが、保育の子育て支援の政策に追加予算を投入した経済効果は、約二・三倍になると言われている（柴田二〇一七：八）。また幼少期から教育投資をすると一七％の利益がある。つまり百万円を教育に投資すると十七万円の利益が出るのである。これは株式投資よりも利回りがいい計算になる（カワチ二〇一三：八七）。

経済学者のジェームズ・ヘックマンの研究でも、就学前教育を行うことで、所得や労働生産性の上昇、生活保護の削減効果などが生まれ、社会的な投資収益が一五％から一七％上昇することがわかっている。それだけではなく、財政へのメリットも大きい。学校の成績や高校卒業率が高まる一方で、犯罪発生率は下がり、将来の所得は増える。この結果、政府の支出は減り、税収が増えることが期待される（Heckman 2013=2015、井手他二〇一六：一五六―一五七）。

また、世界百三十九か国で長い年月をかけて調査された結果によると、教育を受ける期間が一年増えるごとに、その教育を受けた個人には年間で約一〇％のリターンがもたらされていた。個人のみならず、社会的利益を含めれば、この数字はさらに増えるであろう。一〇％のリターンの数値はアメリカ株式市場の毎年の平均リターンである八％を上回っている。例えばイギリスの場合、大学教育に投資した一ポンド（百八十円）は、個人には七ポンド（千二百六十円）の利益を、国には二十五ポンド（四千五百円）の利益を、高い税収入や福祉予算の低減や犯罪の減少などの形でもたらしてくれる（Shafik 2021=2022:69-70）。このように教育投資により、様々な局面でメリットが増える。

また、教育の効果を調べた研究によると、教育を受けた人びとは人種差別や性差別をすることが少なく、外国人嫌悪や同性愛嫌悪、権威主義にも陥りにくい。想像力や独立心、言論の自由に高い価値を置き、投票したり、ボランティア活動に参加したり、政治的意見を表明したりすることが多い。労働組合、政党、宗教団体や地域団体などの市民団体に所属し、他の市民を信頼する傾向にある（Pinker 2018=2019 下:19）。このように、教育に投資すると様々なメリットが生じるのである。

二　グローバル化の中の正義

このような貧困問題を解決するための比喩として、「救命ボート」の例がしばしば出される。私たちは定員六十人の救命ボートに乗っている五十人であり、このボートが水中で泳いでいる百人に出会うというものである。選択肢として次の三つが存在する。第一は百人全員をボートに乗せる。第二はボートの空き定員十人だけ救い上げる。第三は誰も乗船させないというものである。政治学者の伊藤恭彦によれば（伊藤二〇一〇：四七―四九）、地球の現状はこのような「救命ボート」の状況とは異なる。世界人口中約二割を占める富裕国住民が、世界の食糧の半分以上を消費している。しかも単に消費しているのではなく、多くを廃棄している。

二〇一五年における日本での食品廃棄は年間六百四十六万トンであり、一人当たりお茶碗一杯の食べ物を毎日捨てている計算になる。国連食糧農業機関によると、世界では生産された食料の三分の一に当たる十三億トンが毎年廃棄される一方で、九人に一人が栄養不足に苦しんでいる。また、日本において年間十億枚の新品の服が一度も袖を通すことなく廃棄されており、日本で供給されている服の四枚に一枚は新品のまま捨てられている（仲村他二〇一九：一九一―一九二、三二）。このように、廃棄をなくすだけでも、多くの問題は解決できよう。

したがって、世界は「救命ボート」のような状況ではなく、次のような比喩が現実に近いのである。食料を満載し安全装置を完備した豪華客船（富裕国）が十分な乗船スペースを残しながら航海している。このような豪華客船数隻の周りには、中型船や小型船のみならずボートも航行している。さらに多くの人びとが溺れかかりながら泳いでいる。そして毎日五万人くらいの人が溺れ死んでいく。豪華客船からは時々周りの船や泳いでいる人に必要な物資が投げられる一方で、客船で毎晩行われるパーティーで余ったご馳走は海に廃棄される。これが真実の姿であり、このような状況はまさに不正義であろう（伊藤二〇一〇：四七–四九）。

哲学者のピーター・シンガーも比喩を使い、次のように主張する。富裕国の人びとの義務は、池で溺れている幼児を助け出す義務と同じである。溺れている幼児の避けられる死を回避することに対して、私が救出活動によって被る、服が汚れる、他にやりたかったことのための時間が削られるなどの被害は、非常に小さいものである。このことは貧困者を救うことにも、同じように当てはまる。すなわち、悪いことが起こるのを防ぐ力が私にはあり、それに匹敵するほど道徳的に重要な別のものを犠牲にしないですむのなら、それを行うべきである（Singer 1993:229=1999:276）。シンガーは、キリスト教の聖職者の言葉を引きながら、貧しい人に何かを与える行為は、恵まれない人たちに分け与えているのではなく、その人のものをお返ししているだけだと主張する（Singer

2015=2015:41)。全ての人たちのために与えられたものを、あなたが傲慢にも自分のものにしていただけなのである。

三　ベーシック・インカムの可能性

(1) ベーシック・インカムとは何か

日本における生活保護などの公的扶助支出額のGDPに占める比率は、わずか〇・三%で、OECD諸国の平均二・四%の約八分の一と極めて小さい。生活保護の捕捉率は、多くの国では五〇%を超えているが、日本は二〇%前後である。さらに生活保護以下の水準で暮らしている人は人口の一三%も存在する(原田二〇一五:一二—一五)。このようなゆがんだ状況を改善し、現在の貧困問題を解決するための一つの方法として、ベーシック・インカムがある。

ベーシック・インカムとは、全ての人に最低限の健康で文化的な生活をするための所得を給付する制度である(原田二〇一五:i)。ベーシック・インカムの名前は、人びとの基本的必要を満たすに足るという意味と、それが基本的人権の不可欠の要素であるという二重の意味が込められている。この思想的背景には、生きていること自体が報酬という考えや、私たちが現在享受している社会の富が、現在の私たちの労働からだけでなく、過去の世代の労働の遺産からも成り立っていて、その分は私たち全てが平等に継承できるという考えがある（山森二〇〇九：六七―六八、一二二、一二六）。

ベーシック・インカムは、原理的には現金を一律に給付するだけの単純な仕組みである。基礎年金や雇用保険、生活保護もベーシック・インカムに吸収してしまえば、「消えた年金」問題も「水際《みずぎわ》作戦」などと称して行政が生活保護申請を突っぱねることもなくなる。つまりこの考えは、行政機構としては小さな政府を実現しつつ、所得保障を強化するものなのである。それゆえベーシック・インカムは、これまで左派と呼ばれる人びと、つまり社会的平等を実現しつつ、同時に政府の恣意《しい》的介入に強い警戒心を持つ人びとによって提唱されてきた。だが興味深いのは、さらに近年、小さな政府を実現するとしてきた新自由主義者の中からも、ベーシック・インカムを提唱する論者が現れていることである（宮本二〇〇九：一三七―一三八）。

（2）ベーシック・インカムのメリット

ベーシック・インカムが導入されることによるメリットとして次のような点が考えられる（山森二〇〇九：一〇一一、木村二〇一三：六六、伊藤二〇一一：一一二、菊池二〇一〇：一〇〇一一〇三）。全ての人に支給されるので、生活保護や年金に関する諸問題もなくなる。生活保護の後ろめたさから逃れられる。従来型の社会保障では受給者は賃金所得が増えると給付が打ち切られる恐れがあり、そのため就労の意欲が上がらなかったが、それがなくなる。生活保護等の受給資格審査や不正受給摘発などが不要になり、社会保障がかなり一元化できるので、管理費や行政費用を大幅に削減できる。労働者は過労死する前に仕事を辞められ、企業も社会保険の負担から解放され、ワークシェアができるので、雇用が増える可能性がある。家事労働や子育ても報酬という形で評価される。ワーク・ライフ・バランスが向上し、生存権もより保障され、出生率が上がる可能性がある。NPOや地域活動などの自主的市民活動が活発化し、コミュニティ連帯のためのベーシック・インカムともなる。

また、環境の観点でも、ベーシック・インカムは重要視されている。生産力主義を批判的に乗り越える脱成長主義やポスト生産力主義の政策となるので、経済成長の鈍化を促進し、共有資源の平等なシェアリングなどをすることにより、環境保全の立場に立つことができる（片山二〇〇八：六二－六七）。

（3）ベーシック・インカムの具体案

それでは経済学者の原田泰による実際のベーシック・インカムの給付案を見ていく（原田二〇一五：一一八－一二三、一三五）。二十歳以上に月七万円、二十歳未満に月三万円給付するには、財源として、所得税の税率を三〇％にする必要がある。また、老齢基礎年金十六・六兆円、子ども手当一・八兆円、雇用保険一・五兆円、合わせて十九・九兆円がベーシック・インカムによって廃止される。さらに、公共事業予算五兆円、中小企業対策費一兆円、農林水産業費一兆円、民生費のうち福祉費六兆円、生活保護費一・九兆円、地方交付税交付金一兆円、合わせて十五・九兆円が削除可能となる。さらに、子どもも含む国民全員に月八万円の給付にすると、所得税率は五〇％に上げる必要がある。

（4）ベーシック・インカムの課題

このベーシック・インカムによって全ての問題が解決するわけではなく、次のような批判が予想される。この制度により人は働かなくなるのではないかということである。しかし所得税が高いと勤労意欲が薄れるのであれば、累進課税率が高かった一九八〇年代には高額納税者は勤労意欲が薄れたかというと、そうではなかった。また、毎月一定の収入があると働かなくなるとの意見もあるが、より良い生活を求めさらに収入を得る人も多くいるであろうし、そもそも最低の収入で自分なりの生活をすることも自由であろう。仕事は全ての人にとって人生の目的ではなく、また社会の富を生み出すものは労働のみではない。

もし「働かざる者、食うべからず」であれば、働けない人びとに批判が集中するかもしれない。しかし、そもそも親の財産は子どもが稼いだものではないので、「働かざる者、食うべからず」の論理から言えば、金持ちの家に生まれ不労所得で暮らす人びとこそ批判されるべきであろう。

また、最近ではワーク・ライフ・バランスも叫ばれ、労働者の長時間労働も問題となっており、日本人の労働時間は諸外国と比べて長いので、むしろもっと働かなくなったほうがよいのである。ベーシック・インカムが労働を阻害するのではなく、むしろ促進するとの意見もある。生きるための労働ではなく、楽しむための労働は生産性が高くなる。ベーシック・インカムにより義務的な労働が減る可能性があるので、むしろ生産性が高くなるかもしれない（山森二〇〇九：一四二、一八四、

二七五、一六七)。

四　ベーシック・サービスの可能性

(1) ベーシック・サービスとは何か

　前節でベーシック・インカムの可能性を見てきたが、ベーシック・インカムの最大の問題点は、受け取った現金を、例えば飲酒やギャンブル等で消費してしまった人びとの生存・生活は、完全な自己責任になるということである。つまり、究極の自己責任社会が生み出されてしまう。また現金給付の問題点として、受益と負担の関係が可視化されるということもある。自分より負担の少ない人たちが自分と同じ現金を得られることに対して、多くの人びとが反発することは想像に難くない。

　しかし、ベーシック・サービスのようなサービス給付の場合、自分の受益は可視化されず、必要な人しかサービスを利用せず、したがって、全ての人びとに現金を配るベーシック・インカムよりも少ない財源ですむ（井手他二〇一八：二三〇－二三二）。

　このようにベーシック・サービスとは、現金を渡すのではなく、医療、介護、教育、子育て、障がい者福祉といったサービスについて、所得制限をはずして、できるだけ多くの人たちを受益者にするものである。同時に、できるだけ幅広い人たちが税という痛みを分かち合う財政へと転換するものである。

　私たちは、誰もが、生まれた瞬間から保育や育児のサービスを必要とする。教育も誰もが必要であり、誰だっていつ障がいを持つようになるかわからない。一生病気をしないという人はいない。歳をとって介護を受けなくてすむと断言できる人はいない。

　全ての人びとが必要とする可能性があるのであれば、それらのサービスは全ての人に提供されてよいはずである。またそのサービスは、人びとが安心して暮らしていける水準を満たす必要がある。

　例えば、イギリスやカナダでは、医療費は所得にかかわらず無償化されている。ヨーロッパの多数の国では大学の学費も無料が多い。保育や幼児教育の自己負担を見ても、ラトヴィアとアメリカを除けばＯＥＣＤ加盟国のほとんどが日本よりも公的負担が高い。こうした事例にならいながら、少しずつ所得制限を緩和し、無償化ないし負担減の領域を拡大することが必要である（井手二〇一八：八三―八四）。

（2）ベーシック・サービスのメリット

全ての人が税を負担しながら、ベーシック・サービスを保障し合う、この「みんなの税をみんなのために」という方向性には様々なメリットがある（井手二〇一八：八五―八七）。

第一に、中高所得層が負担者から受益者に変わる。痛みと喜びを分かち合い、あらゆる人びとを将来の不安から解き放つための仕組みができれば、中高所得層はその政策に反対したり、低所得層を攻撃したりする理由を失う。所得制限をはずし、誰もが受益者になるということは既得権益者がいなくなる、ということである。

第二に、中間層は低所得者との新しいつながりを育む。全員が受益者になる社会では、低所得者のつらい状況やしんどさを理解し、彼らのためのサービスの拡充を求めたほうが、自分自身の生活の安定につながっていく。

第三に、社会的信頼度も上がる。サービスの自己負担が少ない北欧諸国を見ると、社会的信頼度がグローバル・ノースの中で最高水準にある。それは彼らが善良な人間だからではない。受益者の範囲を広げ、他者を信頼したほうが自分のメリットになるメカニズムを生み出しているからである。

第四に、この制度は低所得者の心のあり方にも及ぶ。いかに自分が貧しく、働く能力がないかを告白して、生活保護に救済されるという社会ではなく、誰もが堂々と生存・生活に必要なベーシック・サービスを受けられる社会になる。所得の平等化だけでなく、人間の尊厳を平等化するという視点は極めて重要である。

第五に、所得制限をはずしていけば、現在、所得審査に費やされている行政職員の膨大な事務を大幅に削減できる。

第六に、結果的に所得格差が小さくなるということである。年収が二千万円の人に百万円分のサービスを給付すると五％の受益でしかないが、年収二百万円の人にとっては五〇％の受益になる。

（3）ベーシック・サービスの試算

一年間の国民の自己負担額は、幼稚園・保育園で八千億円、大学教育で三兆円、医療で四・八兆円、介護で八千億円、障がい者福祉で数百億円となっており、総額で九・五兆円である。もしこれらを、完全無償化するのであれば、サービスの利用者が増えるので、より多い財源が必要となる。大雑把に試算すると、これらを完全無償化にするためには、約十三兆円が必要となる（井手他二〇一八：二三二―二三三）。

経済学者の井手英策は、「貯めこんでいる層から奪い、貧しい人びとを救済する」というロジックに賛成する気持ちは強いとしている。しかし金持ちから奪うだけでは、貧困層と富裕層の分断が進んでしまうので、「敵意と憎悪」から「痛みの分かち合い」への思想的転換が必要である。井手は、富裕層に対して、「貧しい人たちだって納税しているのだから、あなたたちも応分の負担を」と説いている（井手二〇一八：一三八―一三九）。

このように、基本的に消費税の増税を財源に充てている。消費税を一％増税すると約二・八兆円の税収を生む。この点を勘案すると、自己負担の解消であれば四％強、完全無償化と様々な改善をフルセットで実施すれば七％強の消費増税が必要となる。さらに基本的財政収支の赤字を解消する財政再建のためには、八・七兆円必要なので、それも考慮すると消費税三％強の財源が必要となる。したがって、自己負担を解消する四％強から、財政を健全化しつつ、様々なサービスの拡充を目指す一一％くらいの範囲内で、消費税率を引き上げる必要がある。

この提案は大増税に聞こえるかもしれないが、一一％の消費増税を実施してもなお、税と社会保険料を合わせた国民負担率はＯＥＣＤ諸国の平均程度でしかない。

この消費税にその他の税の増税を組み合わせると、次のようになり、消費税をそれほど上げなくてもよくなる。法人税の場合、税率一％あたりで約四千億から五千億の税収が得られる。法人税率を五％から六％くらい引き上げれば三兆円弱の財源となる。金融資産税の税率を現在の約二〇％から五％ほど引き上げれば約二千億から三千億円の財源が得られるし、相続税を五％上げれば五千億円程度の税収が見込める。所得税の場合、七つの税率をそれぞれ一％ずつ上げれば一・一兆円の増収である。このような課税をうまく組み合わせていけば、消費税の上げ幅を抑制することが可能になる（井手他二〇一八：二三八―二四一）。

五　グローバル税制による再分配

(1) グローバル税制の可能性

地球社会ではこれだけ様々な局面でグローバル化が進んでいるにもかかわらず、国家を超えるグローバルな税制が存在していない。グローバル税制があれば、貧困・格差、環境問題、感染症や紛争など多くの問題に資金を充てることができ、問題解決に大きな役割を果たすことができる。

グローバル税制とは、地球社会を一つの「国」と見なして、地球規模で税制を敷くことである。具体的には、世界規模で課税に関する情報を共有しタックス・ヘイブン対策をして、国境を越えた革新的な課税を実施することである（上村二〇一六：八七）。

日本における「グローバル連帯税推進協議会」は次のような五つの課税原則を明示している（上村二〇一六：一〇三–一〇五）。

第一は負荷者負担原則であり、グローバルに負の影響を与えているセクターや組織に課税される。例えば、世界金融危機を引き起こした金融セクター、温暖化や感染症の拡散に関わる国際交通セクター、環境破壊などのコストを外部化している多国籍企業、租税回避を促進するタックス・ヘイブン、軍事、エネルギー産業などが挙げられる。

第二は受益者負担原則であり、グローバル化の恩恵を受けているセクターや組織が課税される。これには、金融、国際交通、多国籍企業、情報通信、エネルギーセクターなどが含まれる。

第三は担税力原則であり、税を支払う能力が高い人、組織、セクターが課税される。このカテゴリーには金融、多国籍企業、情報通信、富裕層などが入る。

第四は消費税負担原則であり、消費税を負担していない金融、国際交通、情報通信などのセクターや組織に課税される。

第五は広薄負担原則であり、グローバル化の恩恵は世界の多くの人が受けているので、上記の四つのセクターだけでなく、これらの利用者にも手数料や利用料を通じて、広く薄く負担すべきであるという原則である。

二〇一五年の「グローバル連帯税推進協議会最終報告」の試算によれば(上村二〇一六：一〇七–一〇九)、ミレニアム開発目標や持続可能な開発目標に挙げられている地球規模の課題を解決するために必要な資金は、少なくとも年間約百十九兆円と想定している。タックス・ヘイブンに秘匿されている個人資産に課税できれば年間二十一兆円から三十一兆円、多国籍企業に課税できれば年間十一兆円から二十六兆円の税収が上がる。このタックス・ヘイブンからの税収と様々なグローバル税制による税収の合計は二百九十五兆円である。地球規模の問題解決のための倍以上もの資金が理論上は得られるのである。

（2）トービン税と国際連帯税

それでは、どのようなグローバル税制が具体的に考えられるかを、次にいくつか挙げてみる（志賀二〇一三：八一、二一二―二一二、伊藤二〇一〇：一八一―一八七、上村二〇一六：一三七―一五五）。

ノーベル経済学賞受賞者のジェームズ・トービンは、一九七二年にトービン税を提唱した。トービン税とは、国境を越える通貨取引に課税して、投機マネーの過度の国際間移動や投機的な取引にブレーキをかけようというものである。

トービン税とやや似たものである金融取引税の導入がEUにおいて検討されている。金融取引税は、金融危機を引き起こした金融機関救済のために多額の公的資金が注入されていることに注目して、金融機関にも貢献を求めることを目的としている。また金融取引税を実施すれば、取引すればするほど費用がかかるので、一秒間に千回以上のような投機的な取引は抑制され、マネーゲームに制限をかけられる。

国際連帯税は航空券税とも言われ、近年注目を集めている。二〇〇五年に、ブラジル、フランス、チリ、スペイン、アルジェリアの六か国が導入を発表した。この税は、税の導入国に属する航空会社が、国際線の航空券代に、エコノミークラスが五ユーロ（八百円）、ビジネス・ファーストクラスに二十ユーロ（三千二百円）の税を上乗せするものである。最近では、十四か国の参加により実施されている。

アメリカにはシティズンシップ課税という方法がある。日本など多くの国では居住者課税制度であり、日本国籍を持つ者であっても、日本に居住していなければ所得課税はされない。だがアメリカでは居住性に着目することなく、国籍ベースで所得課税する仕組みがある。また、国外に移住する時には出国税が課税されて、出国による課税逃れを防ぐ税制もアメリカをはじめいくつかの国には存在している。これらはタックス・ヘイブンに資産を逃して税を払わないことへの予防線ともなっている。

(3) 地球資源税と炭素税

正義論の研究者であるトマス・ポッゲが提唱したものに地球資源税がある。地球資源税は資源保有国に自国内の資源の所有と管理権を認めるが、採掘した資源に比例して課税するというものである。この税は最終的に資源消費国に帰着するから、資源保有国が不利になるわけではない。その意味で地球資源税は消費に対する税であり、さらに土地の利用や大気汚染と水質汚濁《おだく》に対しても地球資源税を課すとしている。一%の税率で年間約三十兆円の税収があると試算されている。

地球資源税の一種である日本の炭素税は、ガソリン一リットル当たり〇・七六円で、スウェーデンは三十八・七円である。現在の炭素税収は、日本は約二千六百億円でスウェーデンは約三千四百億円であり、GDP比率における炭素税収は、日本〇・〇五%、スウェーデン〇・五九%である。もし日本がスウェーデン並みの比率にしたならば、日本の炭素税収は三兆円以上となる。これくらいの税収規模になると、環境負荷の低減だけでなく、社会保障財源としてかなりの役割を果たすことができる(伊藤康二〇一七:七七)。

(4) 様々なグローバル税制

格差を示すジニ係数を見ると、日本の二人以上の一般世帯では、年間収入〇・三一一であるのに、貯蓄〇・五七一、住宅・土地資産額〇・五七九となっており、所得よりは金融資産や土地等の格差のほうが大きい（広井二〇一五：一六八―一六九）。ピケティも、格差拡大を是正するには所得のみならず資産への課税が必要であるとして、グローバル累進課税を提起している。対象となる資産は金融資産のみならず、不動産、事業資産など広く設定されている（Piketty 2013=2014）。

グローバル化の恩恵を最も受けている多国籍企業に対して、受益者負担として多国籍企業税を課すことも考えられている。また、多くの多国籍企業はタックス・ヘイブンを使って課税を逃れているので、一般の納税者との間で公平性を欠いている。公平性を担保することに、多国籍企業税の課税根拠が認められている。世界の多国籍企業一千社の利潤に二五％の課税を行うと、二十二兆円の税収が見込まれる。

平和の分野でもグローバル税制があり、それが武器取引税である。これは武器の取引ごとに課税を行うことで武器取引を抑制しつつ、税収を兵器の解体や平和構築に分配していく構想である。武器取引の拡大は国際紛争の増加をもたらし、グローバル社会に負の影響を与える。したがって武器貿易条約に基づき、武器取引に関する情報が収集されることによって武器取引への課税が可能になれば、新たな税収となるとともに、武器移転を低減できる可能性がある。

サイバー空間において各国が共通の価値観に基づき適正な規制を導入し、サイバー空間を利用すると税金を課すサイバー税も考えられる。サイバー空間では、一定率で定額の空間利用税と取引額など利用規模によって変動する事業税の二種類が考えられる。例えば、アマゾンのような通販サイトは事業税の対象であり、その取引量に比例した事業税が発生する（深見二〇一七：一八五—一八六）。

ジャンクフードやソフトドリンクによる脂肪やカロリーの過剰摂取、問題飲酒、喫煙などが低所得層に多いことに着目して、脂肪税やソフトドリンク税、アルコールやたばこの税金引き上げなどが検討され、一部では実際に導入されている（近藤二〇一七：二二五）。

このような様々なグローバル税制により、環境や平和に負荷をかけている組織や富裕層から徴収し、経済的再配分をしながら、地球的諸問題の解決を図るべきであろう。

おわりに

貧困・格差の問題をある程度解決するのに、それほどの経済的負担は必要がなく、教育における是正は様々なメリットがあった。貧困に関する比喩は現実を映し出すものではなく、実際は豊かな国が大量消費・大量廃棄を繰り返しており、自分たちの生活レベルを落とさずに、貧しい国を救えた。そもそも救うという発想が間違っており、今まで収奪した一部を返すだけなのである。地球社会の幸福と平和のためにも、格差是正や富の再分配が望まれる。その一つの方途として、ベーシック・インカム、ベーシック・サービスやグローバル税制が考えられる。日本のみならず、世界において富の再配分を行い、より公正・平等な社会を作り、分断・憎悪・対立を低減する必要があろう。

これらの税制は諸国家が協力し、しかるべき国際機関が主体となる必要があり、諸国家共存の基盤の上に、連帯をする必要があろう。

【第二部】

暴力にあらがう志向：長く広く共に下から

第二部では、第一部で考察した直接的・構造的暴力などの様々な暴力に対抗する志向様式を提示し、どうすれば幸福や平和を維持できるのかを論じていく。平和の問題を、宇宙の始原から長い視点で、また、人間のみならず動植物や無機物や惑星も含めた広い視野で見ていく。また、脱成長などの新しい時代を提示し、さらに共同・共感・共有など共的観点と幸福やケアの問題を庶民や弱者の側から考察する。このように、幸福と平和の問題を、長く広く共に下からの視点で論じていく。

具体的には、非暴力や非殺人の可能性を説明し、ビッグヒストリーや人新世などから長い視点で事象を見ていく。脱成長やアース・デモクラシーをヒントに現在が転換期であることを分析し、人間以外の動植物、さらには無機物も含めた非情や惑星まで視野に入れた広い枠組みで考えていく。現在の諸問題を解決するために、分かち合い、利他、共有思考や幸福、ケア概念の重要性を指摘する。

第五章　平和を目指して：非暴力と非殺人

はじめに

本章では、まずガンディーやシャープの非暴力主義を取り上げ、非暴力運動の有効性を論じる。次に、ほとんどの人間は人を殺さない事実などから、非殺人社会の実現可能性を示す。また自己家畜化説を取り上げ、暴力的な人間を排除し、家畜のようにおとなしく平和的なものに、自分自身を変えたことを説明する。最後に、今まであまり論じられなかった世界政府の可能性を展望する。

一　非暴力への展望

非暴力や非殺人は、戦争に対峙するものであり、平和構築にとって、重要な概念である。非暴力運動で最も有名なのは、マハトマ・ガンディーである。彼は、非暴力の抵抗は、暴力による抵抗よりもはるかに積極的であると述べる。そして暴力が「動物の掟《おきて》」であるのに対して、非暴力は「人類の法」であるとしている（ガンディー二〇〇一：四九、四五、二七）。

彼はキリスト教の影響も受けていたと言われている。インドの伝統的なアヒンサー（非暴力）に新たに「隣人愛」や「非暴力」の意味を付与した（石井二〇〇八：二六六）。聖書には以下のような非暴力の表現がある。「だれかがあなたの右の頰を打つなら、左の頰をも向けなさい。（マタイ五・三九）」「敵を愛し、自分を迫害する者のために祈りなさい。（マタイ五・四四）」「平和を実現する人々は、幸いである、その人たちは神の子と呼ばれる。（マタイ五・九）」「剣を取る者は皆、剣で滅びる。（マタイ二六・五九）」。このような聖書の教えがガンディーにも影響を与えたのであろう。

また彼は、互いの宗教の価値を認めながら共存していこうとする宗教的多元主義の視点も有していた。彼の育ったグジャラートは、ヒンドゥー教、イスラーム、ジャイナ教などが混在した地域であり、それぞれが互いに認め合う宗教的多元性が息づいていた（杉本二〇一八：六七）。彼は次のように、他宗教については寛大に、自宗教については厳しい目を向けていた。他宗教を批判したり、その欠点を指摘したりすることは、私の任ではない。しかし、ヒンドゥー教の欠点を指摘することは、私の権利でもあり義務でもある、と述べた（ガンディー二〇〇一：一八三―一八四）。

ガンディーに対して、神聖視されることも多少はあるが、そのようなことはむしろ非ガンディー的でさえある。また、彼の宗教は超合理的、超越的存在への信仰ではなく、「真理（サティヤー）」への帰依である。いわば神秘的宗教観ではなく、合理的宗教観とも言えよう。さらに他のエリート指導者とは異なり、農民を中心に幅広い人びとに思想を訴えかけてもいた（杉本二〇一八：三二七、一三一―一五）。二十世紀において、植民地から独立を果たした指導者で国家元首にならなかったのは、ガンディーくらいかもしれない（ラミス二〇〇九：五三）。彼は、国家権力や国家の暴力から一定の距離をとっていたからであろう。

最近では、ガンディーの思想は、反生産力主義、脱開発、脱成長という思想潮流の源流の一つとして評価されている。ガンディーの簡素な生活という理想が、現代産業文明が直面している地球環境破壊などに対して、克服する道を示すものとして評価されている（中野二〇一四：二三）。

ガンディーとは異なるが、政治学者のジーン・シャープの非暴力主義も存在する。彼は非暴力闘争の方法として、次の二つを掲げる。第一は、敵のパワーの源泉を切断する方法であり、支配者への服従・協力を拒否することである。第二は、弱い者が強い者を倒す「政治的柔術」である。

敵の残忍行為により怒りが高まり、より多くの人びとが、敵のような残酷な暴力ではない非暴力抵抗運動に参加する。さらに第三者の支援も増大し、強大な軍事力を持つ者に対して勝利を収めるのである。また非暴力的闘争の主体は、絶対平和主義者でも聖人でもある必要はなく、宗教的・倫理的である必要もないと主張する（中見二〇〇九：一六六―一七二）。

またシャープは、歴史を研究すると、軍事的交戦よりも政治的闘争のほうが死傷者の数は、ずっと少ないことを指摘する。さらに具体的に百九十八もの非暴力行動の方法を提示している。例えば、徴兵や国外追放に対して非協力になる。秘密警察の身分を暴く。勲章を放棄する。ストライキやデモ、座り込みを行う。署名活動や抗議集会を行う。祈禱や礼拝を行う。ユーモラスな寸劇やいたずらを行う。ボイコット製品の非消費行動を起こすなどである（Sharp 2010=2012:65, i-xiii）。

一九〇〇年から二〇〇六年までの世界各地の政治抵抗運動について分析したところ、非暴力の抵抗運動の四分の三が成功していたのに対して、暴力を伴う抵抗運動は三分の一しか成功しなかった（Pinker 2018=2019 下:328）。このことからも、非暴力運動は成功率が高く、血も流れずにすみ、暴力維持のための予算も低減化できるので、その効果は大きいのである。

二　非殺人の可能性

現代世界は基本的に、死刑制度や公権力による暴力行使など殺人を当然のものとして成立している。全体主義や権威主義の国家のみならず、民主主義国においても、殺人を前提に社会の仕組みが成り立っている。したがって政治学は、政府が自らの意思を強制させる最終手段として物理的暴力の保有と使用を不可避なものとしてきた（小田桐二〇二一：八五―八六）。

国家は人びとが保持する暴力を独占することで、国家の内外の平和を打ち立てようとしてきた。しかし、国家は暴力を抑止するどころか、むしろ暴力を公認し、人びとの生活を暴力の連鎖に巻き込んできた側面がある（松村二〇二一：一三八）。

このように、政治学では、国家や個人の安全のため、また「良き社会の創出と防衛のため」に殺人は不可欠であるとされている。しかし平和研究者のグレン・ペイジにより、政治学の分野で「非殺人（Nonkilling）」という言葉をタイトルに冠した最初の英文書籍が出版された（Paige 2009=2019: xvi）。これは、殺人は不可避であるとの従来の政治学を根本的に変革するものである。また非殺人という用語は、日本語であまり使用されてはいないが、仏教用語の不殺生《ふせっしょう》とかなり重なる部分がある。その意味では日本にも伝統的に、非殺人という考え方があったのであり、後に述べる仏教平和学の核心部分ともなる重要な概念である。

非殺人社会とは、身近な共同体から始まり、地球的なレベルに至るまで、殺人の脅威が存在しない社会である。そこでは殺人用の武器は存在せず、殺人目的の職業も存在せず、武器使用の正当性も存在せず、社会維持等のための殺人がない社会である。このように人間社会においては、まず殺さないということが最低限の条件である（Paige 2009=2019:1-2）。

今までの政治学の前提を覆《くつがえ》すこのような主張を、幼稚な夢想であると、一笑に付すことができるだろうか。現在、紛争や暴力が蔓延《まんえん》し、分断や憎悪が世界に拡大している状況を改善する一つの方途ともなりうるだろう。また将来、この主張が当然であると考えられる可能性もあろうし、その歴史の流れを加速させる必要がある。そもそもペイジは非殺人を夢想だとは思っておらず、非殺人社会の実現可能性を次の七つの根拠に基づいて論じている（Paige 2009=2019:166）。

第一に、ほとんどの人間は人を殺さないという事実がまずある。第二に、人間の持つ非殺人の潜在能力は人類の精神的な遺産の中にある。第三に、科学は人間に非殺人能力があることを証明している。第四に、死刑廃止や良心的兵役拒否の制度化といった政策は、暴力的な国家によってさえ採用されている。第五に、実際に多くの社会団体が、非殺人社会の萌芽ともいうべきものを持っている。第六に、政治的・社会的・経済的な変革のための非暴力的な国民運動が、革命における殺人の有力な代替として力を増している。第七に、非殺人の希望と経験のルーツが、世界中の歴史的な伝統の中で発見されている。

このような根拠が現実に存在し、特別な戦時下や犯罪状況を除いて、私たちは殺人の現場をほとんど目にすることはない。にもかかわらず、様々な映像で、このような現場を頻繁に見ることにより、慣らされてしまっている可能性がある。非殺人社会を少しでも早く作る必要があろう。

三　自己家畜化への道

自己家畜化とは、野生動物が人間との共同生活に適応する過程のことであり、様々な野生的な形質や性格が変化することである。この概念を人間にも当てはめ、人間が自分自身を、家畜のようにおとなしく平和的に改変することである。これにより暴力的な存在から平和的なものに変化する過程や要因が分析できる。

そもそも、人間が凶暴な生き物であるなら、お互いに殺し合って、もはや人間という生き物は絶滅していてもおかしくはない。すでに滅んでしまった人類の祖先の中にはそのような人類がいたのかもしれない。かつての人間は、極端に暴力的な人を自分たちの社会から放逐《ほうちく》してきた可能性がある。攻撃性の高い人は子孫を残すことができず、攻撃性が低い穏やかな人たちのみ子孫を残すことができた。その結果、攻撃性の高い人は減少していった（川合二〇一五：一〇九―一一〇）。

人間にも動物にも見られる家畜化による変化は次の通りである。第一に、野生種より小型になる。第二に、顔が平面的になり、前方への突出が小さくなり、歯やあごが小さくなる。第三に、雄が雄性を誇示しなくなるので、雄と雌の性差が小さくなる。第四に、脳が小さくなるが、認知能力は落ちない（Wrangham 2019=2020:84-87）。

動物にこのようなことが起こるのは、人との接触が多くなったり、狭い場所に集められたりした場合、ストレスに強い（ストレス反応が鈍い）個体が生き延びる確率が高くなるからである。つまり従順性への強い選択圧がかかるのである（稲村二〇二二：一〇九）。

人間にもこのような現象が見られるのは、他に原因があるのかもしれない。例えば、体格の小型化は、気候変動、食物の減少、新しい病気への適応が考えられる。顔の小型化は、食べ物を煮て柔らかくするような新しい調理法の結果である。性差の減少は、道具の使用が増え、男性が身体能力に頼らなくなったからである。脳が小さくなったのは、体の小型化と連動しているとも言えるかもしれない（Wrangham 2019=2020:84-87）。

人間の進化の過程でも、以前の人類と比べて、次のような傾向が強くなった。心理においては、脳に精神を安定させるセロトニンと愛情ホルモンであるオキシトシンの増加が見られた。形態においては、女性化した顔や共感性の増加などの変化があった。向社会行動に関しては、集団内の食物分配や社会的絆などが著《いちじる》しく増加した。発達期間の拡大に関しては、緩やかな発達、学習期間の長期化が挙げられる。このような傾向に対して、自己家畜化による向社会性と反攻撃的な自然選択が大きな役割を果たした（稲村二〇二一：一〇九）。

しかし、攻撃性全般が弱まったのではない。攻撃性には反応的攻撃性と能動的攻撃性がある。反応的攻撃性とは、カッとなって暴力をふるう激情タイプであり、能動的攻撃性とは、計画し熟考する沈着冷静タイプである。命にかかわるような暴力は能動的攻撃性によるものである。人間の進化において、反応的攻撃性は低下し、能動的攻撃性は高度に発達した。言語の使用で可能になった高度な意図の共有によって、能動的攻撃性が高まった。その典型は戦争という形態であろう（Wrangham 2019=2020:16-18,361）。

この自己家畜化説は、人間のマイナス面の指摘にも使われている。自己家畜化により、都市化が進み、カプセル化され、自己ペット化しているとも言われている。急激に進んでいる人為的環境の近代文明の中で、私たちが陥《おちい》っている過度な快適性や物質的豊かさへの依存、リスクへの脆《ぜい》弱《じゃく》性《せい》などをあぶり出す論理にもなっているのである（稲村二〇二二：一〇七）。

四　世界政府の議論

近代国家を超える志向である非暴力や非殺人の行き着く先として、政治制度としての国家を超える世界政府が考えられるが、世界政府の議論は最近ほとんどされていない。第二次大戦後、核兵器の登場による人類の破滅を阻止するために世界政府樹立の機運が高まった（田畑一九九四：六七）。

だが現在、世界政府は夢想のように思われている。近い将来の世界政府の樹立は非現実的であろうが、主権の発動としての戦争の回避や国民国家を単位としたウェストファリア体制（主権国家体制）の相対化の観点から、世界政府の議論は有効であろう。

世界政府の考え方は、世界全体を統治する単独の政府を形成することが望ましいとする立場である。これに対して、現在の多くのコスモポリタニスト（世界市民主義者）は、圧政のリスクを回避するため主権の分散化を主張している。各地域の文化的、経済的、政治的自律性を強調する点、単一の軍事組織を持たない点、一人のリーダーによる単一の組織は必要とはしない点で、世界政府は現在の国民国家の単なる拡大版ではないとしている。可能な限り権限を下位の共同体に移譲することが望ましいとの主張もある（伊藤恭彦二〇一七：一五四―一六二）。世界政府を現在の国民国家の延長上に考えるか、新しい世界共同体とするのか、さらに主権の分散化や下位への移譲は、今後の課題であろう。

世界政府の議論は近年あまりなされていないが、主権国家のもたらす暴力、排他的な線引き志向、貧困・格差の増大による他者に対する排外主義が大きな問題になっている現在、世界政府の有効性を少なくとも議論することは必要であろう。

おわりに

ガンディーの非暴力主義は、キリスト教の影響も見られ、脱成長などの志向の源流の一つでもあった。シャープの非暴力主義は実践的なものであり、様々な方法を提示していた。このような非暴力運動は、いろいろな政治運動の中でも成功率が高く、有効性を示すものである。ペイジの非殺人の考え方は、従来の政治学から逸脱するものであったが、ほとんどの人間は人を殺さない事実などから、非殺人社会の実現可能性が示された。自己家畜化により、暴力的な人間を排除し、自分自身を家畜のようにおとなしく平和的なものに作り変えた。世界政府は今まであまり論じられなかったが、排他的な主権や国家を超える可能性を提示するものであった。

第六章　長い時間：宇宙と人新世

はじめに

本章では、ビッグヒストリー的観点から、宇宙の百三十八億年の歴史を見ると、戦争の原因となっている国家や民族などが相対化でき、さらには遠い未来までも視野に入れることができる。現在、人間は宇宙に行くようになり、宇宙ゴミや宇宙の開発などの様々な問題を生じさせている。また宇宙から地球を見れば、差異や境界がなくなり、つまらないことで私たちが争っていることが実感できよう。人間が地球自体を改変している人新世の時代を迎えており、様々な論争を紹介する。

一　宇宙から見た私たち

(1) ビッグヒストリーの可能性

ビッグヒストリーとは、約百三十八億年前に起こったと言われるビッグバンによって宇宙が誕生してから今日まで、さらには宇宙が消滅するまでを視野に入れた壮大な歴史である（中西二〇一四：一四）。また宇宙の起源にまでさかのぼって、時間の全てにわたる歴史を再構築する試みでもある（Christian et al. 2014:3=2016:4）。このように宇宙の始原から最後までを視野に入れた学際的な試みで、まだ緒に就いたばかりの学問であり、今後の動向が期待される。

ビッグヒストリー研究者のデイビッド・クリスチャンによれば（朝日新聞：二〇一五年三月十三日付）、今までの歴史では、王や貴族による戦争などを中心に描かれてきたが、そのような歴史観は限界にきている。国家や時代によって分画された暗記中心の歴史から、宇宙の始まりから終わりまでも包含した大きな歴史が必要とされている。

現在、戦争や環境破壊、貧困・格差の問題、精神の荒廃等が地球上を覆っている。今までの一つの学問分野では問題解決は難しくなっている。また、排他的な領域を前提にした国民国家システムが機能不全に陥っており、領土争いや分離・統合問題が台頭している現在、長く広い視野で歴史を考えることは有効であろう。

地球には、人種や性、国家や階級、宗教や政治的イデオロギーなどに基づく分断線が引かれている。学問的にも分割線が引かれており、学際的研究が待たれている。西洋的知でもなく、それへの反発としての土着主義でもない、文系と理系を融合した新しい知が必要であろう（篠原二〇二〇：二一二、二四八―二四九）。

そのような新しい知であるビッグヒストリーにより、宇宙と地球の時期区分をするならば、次のようになろう。第一の時期は、約百三十八億年前のビッグバンから約四十億年前の地球における生命の誕生までの時期で、「自然現象の時期」である。第二の時期は、生命の誕生から約二十万年前のホモ・サピエンスの誕生までの時期で、「生命の誕生と多様化の時期」である。第三の時期は、ホモ・サピエンスの誕生から約一万年前の農耕の開始までの時期で、「新しい生物・人間の誕生の時期」である。第四の時期は、農耕の開始から約二百年前の近代世界の成立までの時期で「農業革命による動物的食物連鎖を脱した時期」である。第五の時期は、近代世界の成立から現代までで、「近代化の時期」である。そして現代は、新しい時代に入ろうとしていて、脱成長、人新世、ソサエティ5・0、第三の転換期などと言われており、この後でこの問題を議論していく。

このようにビッグヒストリーによって新たな知見を得ることができよう。歴史とはナショナル・ヒストリーではなく、宇宙、地球、生命、人類の百三十八億年におよぶ歴史によって位置づけられるものである。そのような観点から、現在、地球と人間の安全保障が最も差し迫った課題であり、国家の防衛ではなく、地球の防衛が重要なのである（Gustafson 2017:158, 160）。

ただビッグヒストリーにも様々な批判が存在する。例えば、始めと終わりのある直線的な歴史観ではないか。キリスト教や欧米の価値観が反映されていないか。単なる年表の一覧ではないか。思想や哲学があまり感じられない。一つの問題に絞ったほうが羅列的でなくなる。このような問題を考慮しながら、大きく長い歴史観により、現在の諸問題の解決を図る必要があろう。

（2）ビッグヒストリーによる未来

さらに、ビッグヒストリーの観点から、未来のことを予見することも行われている。過去のことを調べることに時間を費やす歴史家は、未来のことについてほとんど時間を割《さ》かないと言われている（Christian 2022=2022:15）。

クリスチャンによれば（Christian 2022=2022:305-362）、まずこの先百年後の近い未来として、四つのパターンのシナリオがある。第一に、人間社会は飢餓、戦争、政治経済の崩壊、パンデミックの組み合わせによって崩壊を迎える。第二に、成長縮小であり、成長そのものが問題であるとして、政府は重い課税をして、成長を取り締まる。第三に、持続可能性であり、テクノロジーにより高い生活水準は維持されるが、終わりなき消費は放棄され、足《た》るを知り、皆の平等を希求する精神が広まる。第四に、成長であり、未来は大きな成長が支配的になり、この先も資本主義は繁栄し、成長を保ったまま持続可能性を実現する新技術が生み出されると考えられている。

この先千年後の中程度の未来について、最悪のシナリオは崩壊であり、人類史の終焉を意味する。他のシナリオは楽観的であり、惑星操作を学習し、効果的なグローバル・ガバナンスが生まれ、サイバネティクス、生物学、遺伝学による改造のおかげで人類の健康が増進し、寿命が延び、人類の亜種が誕生する。

千年後よりさらに遠い未来について、まず、二億年後には、現在の散らばった陸塊《りくかい》が一つになり、新しい超大陸「アメイジア」が誕生する。太陽は三十億か四十億年後には、さらに熱くなり、地球の海洋が蒸発し、五十億年後には太陽は死を迎える。またその頃に、銀河同士が合体する可能性がある。また、宇宙そのものにも寿命があるという考えの他、終わりも始まりもないという東洋的思考や、この宇宙以外に多くの宇宙が存在するという多宇宙（ユニバースではなくマルチバース）の考え方も存在する。このように近い未来から遠い未来まで、様々なシナリオが存在しており、遠い将来を除いて、未来は私たちの手の中にあると言っても過言ではないだろう。

（3）宇宙への進出の問題

人類は宇宙にまで進出し始めている。宇宙の「宇」の字は空間の広がりを、「宙」は時間のつながりを表していると言われている（「宇宙の人間学」研究会二〇一五：二八二）。慣例的に、おおむね地上百キロメートル以上を宇宙と呼んでおり、人工衛星など、ある国の打ち上げた物体がそこを通過しても領空侵犯とは見なされない（磯部二〇一八：一七）。

この五十年近くの間に、宇宙に関する科学的・技術的研究は急速に進歩したが、人文・社会科学的な研究はほとんどされてこなかった（岡田二〇一四：六二）。今後、宗教や文学、芸術も含めた学際的な研究により、長期的な視点に立った総合的宇宙研究が待たれよう。

千年に一回程度起きる頻度の事象を無視できないことは、二〇一一年の東日本大震災で経験した。したがって太陽活動の激変、小天体の衝突、大規模な火山活動などにより、千年より短いスケールで地球環境の大変動が起こる可能性もある（磯部二〇二二：五四）。

宇宙空間は、海洋やサイバースペースと同じく人類が共有すべきグローバル・コモンズ（グローバルな公共・共有空間）と言われている。これらの空間は安全保障の観点からも、現在注目されている。そもそも宇宙開発は、まず軍事から始まり、ロケット技術とミサイル技術は表裏の関係にある。ほとんどの国が批准している一九六七年発効の宇宙条約により、宇宙探査や利用の自由、天体の国家による領有の禁止、宇宙空間に兵器を置くことの禁止などを定めている（磯部二〇一八：二一一二三）。

このような条約はあるが、宇宙においてアメリカは優位にある。この立場から、米軍関係者は宇宙安全保障を語る際に、「宇宙は聖域である」という表現を用いている。この聖域とは、宇宙は戦争がなく平和であるという意味と、それゆえ米軍の様々な資産が脅威を受けずにすむという二重の意味を持っている（大庭二〇一八：一八八）。

現在、地球の周りを回っている人工衛星は三千五百基以上であり、通信・放送・GPSなど人類の社会・経済活動と密接不可分なものになっている（阿部二〇二二：五）。これまで、宇宙に衛星などを打ち上げ、それを利用することだけを考えてきた結果、地球周辺の軌道上にはロケットの残骸や機能しなくなった衛星など、様々な物体が周回している。これらの異物は宇宙デブリ（ごみ）と呼ばれ、高度三百～六百キロメートルの軌道であれば、秒速七～八キロメートルのスピードで地球を周回している。このデブリが衛星に衝突すれば、衛星は損壊や停止状態となり、大きな問題が生じるであろう（鈴木二〇一四：五三）。

また、宇宙資本主義も議論になっている。多くの人びとは地球における天然資源の枯渇《こかつ》に関心を抱き、地球外宇宙における入手可能な資源に興味を向け始めている。巨大な投資により宇宙開拓が行われ、一部のグローバル・ノースや企業のみが、本来はコモンズである宇宙の利益を享受する可能性がある。さらに宇宙に人類が移住する植民地化や惑星地球化など、宇宙を開拓・征服するフロンティアとして捉えるようにもなっている。

このように、私たちが地球で犯したのと同様の過ちを、再び宇宙でも犯すことがあり得る（竹村二〇二二：七一―九二）。私たちは地球外生命、宇宙そのものの良好な環境や宇宙のウェルビーイング（健全性・良質性・幸福）も視野に入れながら、宇宙と向き合う必要があろう。

（4）宇宙の視点

さらに、宇宙的観点から現在の状況を考えることも重要である。多くの宇宙飛行士が述べているように、宇宙から地球を見ると、青と白のマーブル模様で非常に美しいということである。そこから見ると、あらゆる境界が見えなくなる。差異へのこだわりがなくなり、地球はその姿通りのものに見える。資本主義でも共産主義でもない青と白、金持ちでも貧乏でもない青と白、妬《ねた》んだり妬まれたりではない青と白の惑星に見えるそうである。

宇宙飛行士たちは次のような様々な言葉を残している。「あらゆるものが個々別々に分離していると認識している人がいるが、その分離は単なる錯覚である」「生命は全部つながっている」「宇宙から地球を見るとすごくファミリアで、懐かしい感じがした」「宇宙とは故郷なのだと言っても嘘ではない」（Mitchell 2007=2010:133、毛利二〇一一：一七、稲泉二〇一九：一一三―一一四）。

さらに宇宙から地球を見ていると、人間同士が血を流し合い、領土やイデオロギーのために殺し合っている姿を想像すると、声をたてて笑い出したくなるくらいばかげている、という手記もある（立花一九八五：二四七―二四八）。

このような美しい奇跡の惑星で、威信や境界線、差異やイデオロギーをめぐって愚かな戦争が行われているのである（片山二〇二三：六九―七九）。

地球外生命の存在は議論になっている。天の川銀河だけでも太陽に似た恒星が五百億個程度存在し、そのうち二二％は液体の水が存在する軌道距離にある岩石惑星が存在すると見積もられている。したがってその中には地球生命の生育・生存条件にあてはまるものも数多く存在するであろう（藤島二〇一五：二二六―二二七）。

いつの日にか、わたしたち人類は地球外生命と遭遇する可能性がある。その時に、ＳＦ映画などで好戦的な怪獣らしきものとして地球外生命を描いてきたことを、謝罪することになろう。実は私たちは似たような経験をすでにしている。新大陸を発見し、そこに住んでいる人間を、本当に我々と同じ人間であるか、と真剣に議論した。当時はまさに自分たちと異なる「思考外生命」であった。これから会うであろう地球外生命も同じ宇宙に暮らす宇宙人同士なのである。

二　人新世の可能性

（1）人新世の時代

人新世（Anthropocene）とは、ノーベル化学賞を受賞したパウル・クルッツェンらにより二〇〇〇年に提起された地質時代の完新世の後に来る時代区分である（Crutzen and Stoermer 2000:17-18）。それは、人間の活動が生態系や地質にまで影響を与え始めた新しい時代である。気候変動、生物多様性の減少、資源の限界、廃棄物の産出などを含む地球という惑星への広範な人間の影響を一括して結びつける用語でもある（池田二〇一九：一〇）。

人新世とは、単に地質学の用語ではなく、私たちの生きている時代を地球史の枠組みで捉え、地球や環境の変容と社会や経済の劇的増加を俯瞰《ふかん》する社会科学や歴史学の用語としても広まっていった。これは画期的なことであり、人びとの世界観を変えるインパクトを持ったものである（平二〇二三：一〇一七）。

人新世の開始の時期も様々な議論がある。人類の誕生、農業の始まり、産業革命、大加速時代（一九四五年以降）、一九五〇年からの原水爆実験による放射性物質の拡散と、様々である。大加速時代とは一九四五年以降、人口増大、都市化だけでなく、二酸化炭素濃度の増加や海洋の酸性化など急激な加速が始まり、地球環境に大きな負荷をかけ始めた時代である。さらに核兵器など核の利用が本格的に始まった時期でもある（立川二〇一九：一四七）。

だが、最近の地質学者による議論では、人新世の開始は一九五〇年頃とされている。これ以降、核実験由来の放射性物質、プラスチック、化石燃料由来の物質、大気中の二酸化炭素やメタンなどが、広範囲に見られるようになった。これらの物質は、これまでの地質年代区分に匹敵する顕著な変化と認識できる。このように、人新世の始まりは圧倒的な人間の影響が、広範囲かつ不可逆的に地球システムを改変し、ほぼ同時に地球的規模で認識できる地質シグナルを生み出した二十世紀中頃と考えるのが妥当であろう（加、齋藤二〇二三：一〇二一一〇二）。

このように、私たちの生活が自然そのものを大きく変化させてきており、その結果、生物の絶滅の危機に直面している。その一つは、生物多様性の危機であり、五億年余りの中で五回だけ起きている生物の大量絶滅にも比すべきものであり、現在六度目の大量絶滅の時代の真っただ中にいる。また様々な環境問題、地球温暖化、戦争、核の問題等により、人類自身が絶滅の危機にも直面している（前田二〇一八：九三―九五）。

（2）人新世への批判と応答

しかし、人新世概念にも批判は存在する。気候変動の問題を人類全体に責任を押しつけるのは問題であるとして、人新世概念の使用そのものに反対する論者もいる。

これまで大量の化石燃料を使用して豊かさを享受してきたのは誰かを問う必要があろう。これを明らかにすることなく、人新世概念を使用することは問題の本質を隠蔽《いんぺい》するのではないかという指摘である。この問題を理解するには、資本蓄積に端を発する不均等な配分にこそ着目すべきであり、それは人新世ではなく、資本新世（Capitalocene）とすべきであるということである。

確かに、人新世が前提としている種としての人類を強調しすぎることで、人類を同質的集団と見なし、人類社会の中における不平等や支配・被支配関係を見落としてしまうことが考えられる（土佐二〇二〇：五二、五五、七二）。例えば、十九世紀半ばから二十一世紀初めにかけて排出された二酸化炭素総量の約三割は、オイル・メジャーなど二十社が排出したものとの推計がある。また資源消費量は、年間一人当たり、低所得国は約二トンだが、高所得国は約二十八トン、アメリカは約三十五トンである。一八五〇年から二〇一五年までの二酸化炭素の超過排出量の割合は、アメリカが四〇％、EUが二九％であり、人口は世界全体の一九％にすぎないグローバル・ノース全体では、九二％も占めていた（Hickel 2020=2023:114, 120）。

種としての人類を強調することにより、加害の構造などの環境的不正義を忘れてはならないだろう。貧富の格差が環境問題のリスクの大小と相関関係にあるので、資本主義と環境問題は密接なのである（土佐二〇二〇：五二、五五、七二）。

資本新世の他にも、植民地新世、軍事的視点からの死新世（Thanatocene）などの用語も使われている（塚原二〇二〇：七六）。そもそも、人新世概念は欧米およびキリスト教中心の見方として、それをより可視化した英米新世（Anglocene）という用語も使用されている。確かに、アメリカとイギリスの二酸化炭素累計排出量は、一九〇〇年六〇％、一九五〇年五五％、一九八〇年五〇％と世界の半分以上を占めていた（深谷二〇二二：三〇三―三〇七）。

このような様々な批判に応答しながら、政治学者の前田幸男は惑星政治概念を提起する。このような人新世の時代が示す多重絶滅の厳しい現実に対して、政治学や国際関係学は適切に向き合うことに失敗してきたとする。従来の研究では、自然は地理学や自然科学の理系の専門家によって扱われ、社会科学は専《もっぱ》らそのテーマをめぐって繰り広げられる人間ドラマを扱うことが前提とされていた。人間と自然のハイブリッドが生み出してきた壮大なドラマの中に、非人間的な生物や海、エコシステムといった惑星の複雑な生の営みが占める場所は今までなかった。現在の喫緊の課題は、人間中心主義から脱却し、「動植物と人間」、「物と人間」などの関係について、人間を上位に置かない、人間と非人間のフラットな関係を基本にした新しい連帯の形を構築できるかどうかである。惑星政治とは、歴史を単に人間の歴史として語るのではなく、この惑星の生命体の歴史の一部として、人間の歴史を理解することである（前田二〇一八：九九―一一二）。

このように、人間の活動が不可逆的に地球環境に対して負の影響を与え、それがまた人類の生存の危機をもたらしている。私たちは自身の人間中心主義を脱却しながら、人間と人間、人間と動植物や環境との関係を総体的に捉える必要に迫られている。歴史を考察する際も同様に、人間の歴史と地質学的、さらには宇宙の歴史を一体のものとして捉える必要がある。人文社会科学と自然科学とを分けて考えてきた従来のアカデミズムの思考様式そのものを根本から問い直し、文理融合の知が必要とされている（土佐二〇二〇：四七）。

おわりに

宇宙の百三十八億年の歴史から見るビッグヒストリーでは、戦争の原因となっている国家や民族などを相対化でき、さらに宇宙の終わりまで視野が及ぶのであった。現在、人間は宇宙に行くようになり、宇宙ゴミや宇宙の開発などの問題を生じさせている。宇宙から地球を見れば、美しい青と白の惑星であり、境界線や差異で争っている人間が愚かに見えるであろう。人間が地球自体を改変している人新世の時代を迎えており、人間中心主義を脱却し、人間と動植物、無機物や惑星も含めて、一体のものとして捉えなければならないだろう。

第七章　もう一つの道：脱成長と新時代

はじめに

ここでは、限りない成長によって大きな問題が生じ、様々な点で限界を迎える現状から脱成長を論じる。過度な私的所有や商品化を脱し、地球をあらゆる生物の共同体と捉え、グローバル・サウスの人びとに対しても、さらに将来世代の人びとに対しても搾取をしないことが重要である。現在は第三の転換期を迎えており、今後新しい地球倫理が必要になるであろう。

一　脱成長とアース・デモクラシー

（1）脱成長への道

現在、新自由主義が世界を席捲《せっけん》し、市場化、民営化を優先するあまり、経済以外のことはあまりケアされていない状態である。このような政策によって生まれたモンスター企業が、グローバル・ノースとグローバル・サウスの格差をさらに増大させ、同時に環境破壊や戦争を激化させただけでなく、権威主義的統治や排他的ナショナリズムを広めていった（The Care Collective 2020=2021:140,1-18）。

全世界の人びとが、アメリカ人と同じ生活をすれば、地球六個分の資源が必要であると言われている（Latouche 2019=2020:49）。経済成長の名のもとに、公衆衛生にかける予算を削減し、社会と国民を守るためのインフラ整備をおろそかにしてきた数十年間のツケが、今回のコロナ禍に対する対応力を弱める結果となった。こういったリスクに対抗するためにも、相互扶助とケアで成り立つコモンズをベースとして脱成長社会を構築しなくてはならない。ＧＤＰではなく、人間と地球の健康とウェルビーイングこそが重要である（Kallis et al. 2020=2021:8-18）。

現在、大量生産・消費・廃棄が行われているが、このような大量廃棄社会は、企業の思惑でもある。売り上げを伸ばすために、短期間で故障して買い替えが必要な製品を作る「計画的陳腐化」が行われている可能性がある。家電製品も平均寿命を七年以下に抑えているとの指摘もある。またパソコンやスマホなども、使い始めて数年経つと動作が遅すぎて使えなくなり、修理は不可能か高額であり、広告によって自分の機器が時代遅れだと思わせる。このような大量廃棄により、環境にも負荷をかけ、経済格差も生んでいる（Hickel 2020=2023:212-213）。

このような状況の中、経済思想家の斎藤幸平は、脱成長コミュニズムを提示し、五つの柱を掲げている。第一は、使用価値経済への転換であり、人びとのニーズを満たす経済システムに転換し、大量生産・大量消費から脱却することである。第二は、労働時間の短縮であり、欲望を喚起する広告やマーケティングなどの必要のない労働や年中無休の店をやめることである。第三は、画一的分業の廃止であり、労働そのものを魅力的なものにして、労働の創造性を回復することである。第四は、生産過程の民主化であり、様々なものを社会的所有として、生産手段をコモンズとして民主的に管理することである。第五は、エッセンシャルワークの重視であり、機械化が困難な労働集約型のケア労働などを重視することである（斎藤二〇二〇：三〇〇－三一四）。

脱成長コミュニズムは、教育、医療、移動手段などが無償となり、食べ物、衣服、本なども、お互いの贈与やレンタルでやりとりされるようになっていく社会である。しかし現実は、仕事でも日々の暮らしでも、市場の論理、競争原理に振り回されている。近年の経済格差、気候変動、パンデミックと戦争により、資本主義はそろそろ限界であると感じている人が多くなっている。そうした中で、世界では公共や共有としてのコモンの領域を広げていこうとする動きが広がり、国際的な連帯を生み出している。今後は、あらゆるものの、商品化からコモン化への転換が必要とされよう（斎藤二〇二三：二一三、二二六－二二七）。

脱成長論は、利他や共生、自然環境の尊重や贈与の精神を重視している（真崎二〇一五：二五、二七）。大量生産・消費・廃棄をやめ、より平等な社会を目指し、人と環境にやさしい持続可能な経済こそ、重要であろう。

（2）私的所有や商品化に対するアース・デモクラシー

貧困・格差が拡大する中で、大企業は環境を破壊しながら利潤を上げ、対照的にグローバル・

サウスや貧困層は負の遺産を受け継ぎ、貧しくなっている。哲学者のバンダナ・シヴァによれば(Shiva 2005=2007:12-74,199)、メディアは地球の健康や民衆の幸福よりも、経済や市場の健康に、より多くの紙面を割いている。また企業は、金のない飢えた民衆を養うことに関心を払っていない。多くの多国籍企業は、市場を拡大しながら、地域の健康的な食生活を破壊し、衣食住の画一的文化を全世界で急速に進めている。企業グローバリゼーションは、共有地を囲い込み、昔ながらの豊饒の文化に代わって排除と強奪と欠乏の文化を作り、あらゆる生き物、資源を商品に変えている。水、生物多様性、細胞、遺伝子、動物、植物など、ありとあらゆるものが私的所有物になっている。土地や大気、水は人間のものではなく、売り買いできないはずであり、人間中心の恣意《しい》的な私的所有から脱却する必要がある。

有名ブランドとして君臨するグローバル・ノースの多国籍企業が、世界中で一番安く働かせることのできる場所を求めて、グローバル・サウスに工場や農場を作り、子どもや女性などに対して多くの搾取を行っている。グローバル・ノースの快楽とグローバル・サウスの苦しみは、表裏の関係なのである(池田二〇二一:四八)。

また、遺伝子組み換え食品の問題は、命の商品化という問題に突き当たる。今日のゲノム学の急速な進展によって、生命科学はますます情報科学へと変貌してきた。今や生命のメカニズムの解明は、一連の暗号解読の操作となってしまった。生命はパッケージ化され、商品となり、データーベースとして販売されるようになっている。人の健康や寿命に有利な細胞や遺伝子を入手することにより、寿命を延ばせる人間とそうでない人間の格差を生むことになる。さらに、血液・臓器・胎児が売買され、命が商品化されるようにもなっている（前田二〇二一：一三三）。

このような病んだ現代世界に対して、シヴァは、アース・デモクラシーを唱え、変革を主張している（Shiva 2005=2007:11,26,137）。アース・デモクラシーとは、平和と公正、持続可能性を求める政治運動で、地球をあらゆる生き物の共同体と捉える考え方である。民主主義をもっと広いものとして捉え、これまで排除されてきたものを包摂し、権利を奪われていた共同体、子ども、高齢者、囚人、そして地球上の多様な生物種を尊重するべきであるとする。アース・デモクラシーは、生命の永続的な再生を通して私たちを結びつけ、私たちの日常生活を、宇宙全体の生命にまで結びつけるものである。

（3）将来世代と死者

私たちはグローバル・サウスを搾取しているばかりか、将来世代の人びとに対しても搾取している。日本では、「場の空気」を重視するので、合意形成が難しい問題は先送りして、その場にいない人間に責任を負わせることが多い。その場にいない人間の典型が将来世代であり、国の借金や放射性物質や環境負荷などを将来世代に押しつけている（広井二〇二三：三二）。いわばグローバル・サウスには地域的収奪を、将来世代には時間的収奪を行っているのである。

将来世代の人びとは声を出せない完全なマイノリティである。マイノリティどころか、現在一人もいない状況で、完全な弱者である。考えてみれば、私たちも過去の人びとから見れば将来世代で、過去のプラスの恩恵もマイナスの恩恵も受けて現在、存在している。また将来世代から見れば、私たちは死者にもなる。

未来の人びとである将来世代と同じく、過去の人びとである死者の問題も大事であろう。死者も将来世代と同じく、物言わぬ「人間」である。また他者の中でも最も典型的な他者的な他者として死者が考えられる。死者の問題は、個人レベルだけでなく、公共的な問題でもある。戦争や大災害の死者の問題を見れば明らかだろう。死者とどのように向き合うのか、死者をどう弔《とむら》うのかは、国家や政治の問題にも深く関わってくる。後述するケアの問題も生者間の関係ばかりでなく、死者との関係も考える必要があろう（末木二〇二三：一八九―一九〇、一四六）。

さらに、生者として死者に関わるだけでなく、自らが死者として将来世代の生者といかに関わるかということも、視野に入れる必要がある。そこには現世を超えて成り立つ倫理が求められる（末木二〇二三：一九二）。私たち全員が死者であり、将来世代でもある。このように、はじめも終わりもない円環的世界になってくる。「過去の不在者」と「未来の不在者」を統合的に見る「不在者の倫理」の観点も重要であろう（山極、小原二〇一九：二一八）。百年後、千年後、一万年後の幸福と平和をも見通す視野を持つ必要があろう。

二　転換期と地球倫理

（1）三つの転換期

現在はソサエティ5・0とも言われており、狩猟、農耕、産業化、情報化の後に来る第五の転換期でもある。また、現在は多くの地球的諸問題を抱え、それらを変革する転換期でもある。公共政策研究者の広井良典も現在を第三の転換期と捉え、新しい地球倫理の構築を主張している（広井二〇一五：一一九）。

人間の歴史には拡大・成長と、その後、安定する定常化のサイクルがあり、定常への移行期においてそれまで存在しなかったような新たな思想や価値が生まれた。つまり、物質的生産の量的拡大の時期があり、その後に、精神的・文化的発展へと移行する時期がくる。生産の外的拡大に代わる新たな内的価値を提起し、外に向かっていた意識が、資源・環境的制約にぶつかる中で、内へと反転し、それまでになかった思想や価値を生み出したのである。

広井は次のように三つの時期に分けている。第一の時期は、現世人類が約二十万年前に地球上に登場して以降の狩猟採集段階の時期である。その後、今から五万年前に、心もしくは文化のビッグバンが起こり、定常化の時期を迎え、装飾品、絵画や彫刻などの芸術作品が一気に現れた。

第二の時期は、約一万年前に農耕が始まって以降の拡大・成長期である。その後、紀元前五世紀頃に定常化の時期を迎えた。この時期は哲学者のカール・ヤスパースの「枢軸時代」、文明史家の伊東俊太郎の「精神革命」の時期とも符合する。普遍的な原理を志向する思想、例えば仏教、儒教や老荘思想、ギリシア哲学、旧約思想などが誕生した。それらは共通して、特定のコミュニティを超えた人間という観念を初めて生み出すと同時に、欲望の内なる規制という価値を説いたのである。

第三の時期は、産業革命以降ここ二百年から三百年前後の拡大・成長期である。そして現在、第三の定常化の時期を迎えており、様々な問題に対して、新しい地球倫理が生まれつつある。

（2）今後の地球倫理

現在は、上記で述べた第二の時期である紀元前五世紀ごろの「枢軸時代」と似ている。工業文明が資源的・環境的制約にぶつかり、新しい思想や哲学が求められている（広井二〇一二：九〇―九二）。

広井によれば（広井二〇一七：六一―六二）、地球倫理とは、第一に、仏教やキリスト教、イスラームなどの普遍宗教をさらに上のレベルから俯瞰《ふかん》し、地球上の様々な地域でそうした異なる宗教や世界観が生じた背景までを含めて理解し、多様性を含んだものとして全体を把握しようということである。第二は、普遍宗教ばかりでなく、自然信仰も再評価するということである。自然信仰とは、自然の中に単なる物質的なものを超えた何かを見出す世界観で、自然や生命の内発的な力を重視することである。

このように地球倫理とは、地球資源・環境の有限性を認識し、地球上の各地域の文化や宗教の多様性を理解しつつ、それらの根底にある自然信仰をも積極的に捉えていくことである（広井二〇二一：九二）。

自然信仰とは、先住民の知や自然環境との共生、グローバル・サウスの歴史なども内包したものであろう。グローバル・ノースが、グローバル・サウスや先住民、狩猟採集民から学ぶことは大きい。五大湖地方のネイティブは、ヨーロッパからの侵略者に対し、次のように考えていた。フランス人のほうが物質的にはより多くを所持していることを、彼らは認めていた。だが、自分たちのそれ以外の資産である安楽、快適、時間は、フランス人より多く持っていると自負していた（Graeber and Wengrow 2021=2023:45）。このような先住民の知は非常に参考になるであろう。

今後の具体的な社会の趨勢《すうせい》として、広井は、今までのエネルギー・情報の消費から、時間の消費になってくるとしている（広井二〇〇九：二六一二七、四二）。時間の消費とは、余暇・レクリエーションや文化に関するもの、ケアに関するもの、生涯学習など自己実現に関するものを指している。このように、今後は「私利の追求とパイの拡大による全体利益の増大」という発想から、「時間の再配分と社会保障等の再配分システムの強化」という方向への転換が進むであろう。

さらにこれからは、生命関連産業が社会の中で大きな比重を占めていくであろう。これには、健康、環境、福祉、農業、文化などに関連する産業が含まれる（広井二〇二三：一一五、一二六）。経済学者の山田鋭夫も、資本主義の中でも人間形成型の経済活動が強まるとしている。これは物的な生産活動ではなく、サービスの提供であり、その中でも金融や商業とも違う人間的能力の向上、つまり人間形成型の産業である。具体的には、医療、教育、文化であり、医療は健康の向上、教育は知識・創造力・職業的能力の向上、文化は科学・芸術などによる精神的・身体的・社会的能力の向上である。医療、教育、文化の他にさらに、ケアや環境活動も含めて、人間形成型の産業がウェルビーイングを増進させるであろう（山田二〇二一：一一六―一二八）。

おわりに

資本主義による成長至上主義は限界を迎えており、そのような現状から脱成長が主張されていた。大量生産・大量消費・大量廃棄ではない新しいシステムが必要であろう。私的所有や商品化を超えた公正、共生、平等な社会を目指すべきであろう。地球をあらゆる生物の共同体と捉え、グローバル・サウスの人びとに対しても、さらに将来世代の人びとにも、搾取をしないことが重要である。現在は第三の転換期を迎え、成長が止まり定常化の時期を迎え、今後は新しい地球倫理が必要になるであろう。

第八章　広い視野：有情も非情も

はじめに

本章では、人間以外の視点を忘れたことにより、環境問題や動物差別、新型コロナが生じたことを指摘する。まず人種差別や性差別が問題であるのと同じく、動物差別も重大な問題であり、その例として、畜産動物の悲惨な状態を論じる。新型コロナ問題のように、動物や植物、環境が健康でないと人間にも害が及ぶ状況を説明し、人間と動植物が共に健康で幸福になるワンヘルスの志向様式を指摘する。

一　ノン・ヒューマン

前田によれば、これまでの国際関係学などの学問では、ほとんどが専ら人間関係に焦点が当てられてきた。また、国際関係学は国境を超えた政治・経済・社会に関する諸活動について議論してきた。ところがこうした諸活動のためには、人びとは安心して呼吸ができ、水を飲み、栄養を摂取し、十分な睡眠をとることが欠かせない。そのためには、動物、植物、ウイルス、無機物、大地、空気、地球や天体などのノン・ヒューマンとの良好な関係が必要であるが、こうした研究はほとんどされてこなかったと言える。従来の理解では、これらは理系の仕事であり、文系に位置づけられる国際関係学の範囲外との暗黙の理解があった。

ところが、未曽有のハリケーン・サイクロン・台風によって住居が奪われる規模と頻度が上がり、熱波や火災により水や食料が奪われる規模が広がり、地震・津波・火山噴火・感染症といったノン・ヒューマンから投げかけられる災害が頻発するようになった。これらにより、これまで問われることのなかった生活環境と人間との関係性のあり方を、今一度見直さなければならなくなっている（前田二〇二三a：二三、一九）。

このように、人間が健康に生きるためには、人以外や他の生命体、さらには土地や水、空気などを含む非情との共生がなければならない。現在私たちは、人間以外との戦争に挑んでいるようなものであり、今後は環境・生命の安全保障がより重要になっていくであろう（前田二〇二二：一三四、前田二〇二一：三四五）。

二　正義概念の拡大

これまでの世界の支配的考え方は、植民地主義、男性中心主義、西欧中心主義がワンセットになった近代的原理からなっていた。人間を至上とし、大量生産・大量消費を美徳とする物質中心主義、進歩主義が、自然の生態系を攪乱《かくらん》し、環境破壊をもたらした。

人間が世界の中心にいて、自分たちの生活条件を完全にコントロールしているという考え方が現在、終焉しようとしている。人間を中心とする世界が終わるということは、人間を中心としない世界、人間的尺度をはずれた世界が始まるということである。人間世界を、人間を超えた広がりの中にあるものとして考えることが重要であろう。宇宙の一部として人間を捉えるのは、人間中心主義的な思考にとらわれている状態を抜け出すヒントになる。しかし、人間中心主義的思考を離れるといっても、それは必ずしも人間を否定することではない（篠原二〇二〇：二九—四〇、九三）。人類史において、正義概念の適用は次第に拡大してきた。西欧から非西欧へ、男性から女性へ、健常者から障がい者、ＬＧＢＴＱへと、人権意識が広がってきている。さらに現在は人権意識だけでなく、動物の権利やアニマル・ウェルフェアまで視野に入るようになってきており、畜産動物などの悲惨な状況が指摘されている。

三　畜産動物の現状

現在、人間は地球上の陸上脊椎《せきつい》動物の全体重の約三分の一を占めている。残りの三分の二のほとんどは、私たちが食べる牛や豚などの畜産動物であり、野生動物は残りの五％にも満たない（前田二〇二三b：九一—九二）。これは動物のほとんどが人間中心に生かされているということを示すものであろう。

畜産動物は悲惨な状況で飼育されている。例えば、食肉農場の子牛は誕生直後に母親から引き離され、自分の体とさほど変わらない小さな檻に閉じ込められる。そこで、檻から出ること も、他の子牛と遊ぶことも、歩くことも許されず、平均四か月の一生を送る。全ては、筋肉が強 くならずに、柔らかくて肉汁の多いステーキになるためである。子牛が初めて歩き、筋肉を伸ばし、 他の子牛たちに触れる機会を与えられるのは、食肉処理場へと向かう時である。

さらにこれらの畜産動物は、食肉処理場へ行く前に、毎年数億頭が苦しみながら命を落とす。 養鶏場のゲージの中で、ストレスにさらされ、攻撃的になった仲間に突かれて死んでしまう鶏も いれば、あまりに早く成長させられたために、身体を足で支えられなくなったブロイラーチキ ンもおり、餌に近づくことができずに飢えと渇きで死んでいく（Harari 2011=2016上:123-126, Singer 2015=2015:173-176）。

廉価な肉や卵に対する増えつづける需要を満たすため、鶏たちは、通常の二倍の速度で成長す るように品種改良されている。雌鶏たちは年間二百五十個もの卵を産むが、これは身体的に許容 可能とされる約六十個をはるかに上回る数である（Taylor 2017=2020:67-68）。また、牛は自然寿命の 十分の一前後の極端に若い年齢で処分されてしまい、ブロイラーは本来の寿命の七十分の一前後 で殺される。これは人間でいえば丸々と太った幼児を殺しているようなものである。さらに、卵を産まない雄のヒヨコは大型のゴミ箱にただ無造作に捨てられ、積み重なっていくうちに圧死するのである（田上二〇二一：一二一—一二五）。

生まれてからずっとゲージの中にいた豚や牛や七面鳥や鶏が輸送車に詰め込まれ、輸送のストレスで死んでいく場合もある。このように、同じ種ではないからといって人間以外の生き物の権利や利益を軽んじるのは種差別であり、人種差別や性差別が間違っているように、種差別も重大な問題である（Harari 2011=2016 上:123-126, Singer 2015=2015:173-176）。

四　動物福祉

動物を殺すということは、その生を短くするということである。たとえ、自己意識や未来に関する欲求を明確に持たない動物だとしても、死は、その動物が将来得ていたかもしれない様々な善を得る機会を奪うものである。動物のウェルフェアに対する配慮が必要だと考えられるようになってきた背景には、動物の感じる痛みや苦しみが、その当の動物にとって問題なのだという理解や、動物が心身ともに健康な良い生を送ることが望ましいという理解が浸透してきたからである。

このような観点から、畜産動物が食べられるのは当然という考えを批判し、動物に対する理解が問い直されている。食べ物と見なされている動物を食べることは普通で（Normal）、自然で（Natural）、必要なこと（Necessary）として奨励される3Nは現在、批判されている（久保田二〇二二：三二一三七）。

動物福祉の観点は、かつては欧米において、実験に供される動物や過酷な作業を強《し》いられる使役動物などに対する「かわいそう」という感情から生まれた。しかし現在では、動物の苦痛や快感は、生理学や免疫学、行動科学により証明され、科学として扱われている。動物福祉は、動物の生活の質（QOL = Quality of Life）を確保するための概念となっている。飼育動物は、展示動物、実験動物、畜産動物、愛玩《あいがん》動物の四つに分類でき、いずれの動物にも動物福祉の概念は適応されている（野村他二〇二三：二五）。

フランスでは、二〇二四年にはペットショップでのペットの販売は禁止になる。さらに二〇二六年にはイルカやシャチのショーが、二〇二八年には移動型サーカスでの野生動物の利用が禁止になる予定である（須本、浅野二〇二二：一三）。

将来的には、対象は動物ばかりでなく、植物や無機物、さらには地球外生命にまで広がるかもしれない。宇宙の歴史から見れば、全てのものは、ビッグバンから生じたものであり、根源的には同じ宇宙に存在する同胞であろう。

近年、正義が国家内部で妥当する国家主義と地球全体に及ぶ地球主義、さらには宇宙にまで及ぶという宇宙主義が提起されるようになってきている。宇宙主義とは、宇宙に存在する全てが道徳的関心の究極単位であるという主張である（瀧川二〇一四：八五―八六）。人間から動物、植物、無機物さらに宇宙へと、正義や平等の視座は拡大し、同じ宇宙に存在する同胞意識が作られつつある。

五　ワンヘルスとしての新型コロナ問題

新型コロナ問題は、天災ではなく、人災の側面のほうが強い。私たちが環境破壊をし、動物差別を行い、エッセンシャルワークや保健所などを軽視したので、大きく拡大した。

感染症のきっかけは、人間の生態系への介入であった。人間が森林を切り開き農業を推し進めた農業化と、野生動物を家畜として共に生活する家畜化により、動物由来の感染症が人間にもたらされた（飯島二〇二〇：一三二）。近代に入り、人間による自然への乱開発、金儲けのための違法な野生動物の取引、過剰な貿易や工業化などにより、人間と動物の距離はさらに縮み、より感染症が拡大した。さらに、グローバル化による速い蔓延、都市化による過密、高齢化による重症化などが問題をより大きくした。

病原体ウイルスはもともと自然の中で宿主と共生していたが、人間が動物の世界に進出したがために、人間に致死的な感染を引き起こすようになった。しばしば動物やウイルスそのものを「悪」と見なすことがあるが、じつは人間がもたらした人為的災害なのである。ウイルスを敵や脅威と見なさず、また人間のみを万物の霊長とは捉えず、人間、動物、病原体を同列のものと見るワンヘルスの見方が重要になろう。ワンヘルスとは、人間の健康のためには動物も健康でなければならず、両者の健康が一本でつながっているという考え方である（奥野二〇二〇：二〇九―二一二）。動物のみならず、植物、ウイルス、無機物、全ての環境を含めて、それらの生活の質を確保することこそ重要であろう。

二十一世紀になってから頻発する人獣共通感染症は、人間の活動範囲が、食料生産・インフラ開発などを通じて、それまで脅《おびや》かされていなかった生態系を攪乱《かくらん》したことが一因である。まさに人新世時代の疾病である（石井二〇二一：八二）。

ウイルスは「病気の原因」という印象が強いが、人間に害を及ぼすものは、膨大な種類の中のごく一部である。人間の体内には、約三百八十兆ものウイルスが存在しており、人間が生きる上で欠かせない働きをするものも、また生物の進化に大きく関わってきたものもいる（石二〇二一：二五）。このようにウイルスは人間にとって必要不可欠なものでもある。

一人の人間の細胞数は三十七兆とも言われているので、ウイルスはその十倍程度も数多く存在することになる。つまり自分の細胞よりも他の生命体のほうが多いということであり、自己とは何か、との認識が一変するであろう。このように人間は、他の生命体と共に生き、体を共に管理し、またそれなしでは生きていけないのである（Hickel 2020=2023:275）。

ペストにより、ヨーロッパの人口の半分がその過程で死亡したが、感染症の深刻な流行がもたらした予想外の結果として、社会が激変した。また西ヨーロッパでは、ペストによる労働力不足が最初の固定給制度や社会権の出現を準備し、封建秩序に終止符を打ったと言われている（クーリエ・ジャポン編二〇二一：一二）。このように今回の新型コロナも、時代の大きな転換点となる可能性が高いのである。

種差別や新型コロナ問題は、人間が生きていくためにも他の生物とつながっているというワンヘルスの考えをもたらした。排他性を減らし、きょうだい意識を創り出すことが幸福と平和にとって重要であろう。

おわりに

人間が生きるためには人間以外の生命体との共生が必要であり、そのような視点を忘れたことにより、環境問題等が生じた。現在、人間は人間以外と戦争をしているようなものであり、今後は生命・環境・宇宙の安全保障が重要となろう。

畜産動物は悲惨な状況にあり、人種差別や性差別が問題であるのと同じく、動物差別も重大な問題であった。新型コロナ問題のように、動物や植物、環境が健康でないと人間にも害が及ぶのであり、人間と動植物、環境の健康が、一本でつながっているとするワンヘルスの志向様式は重要であろう。このように生命である有情《うじょう》も、環境や惑星などの非生命を含む非情も、全ての存在のウェルビーイングを追求すべきであろう。

第九章　共に生きる：共感・共同・共有

はじめに

ここでは、連帯、分かち合い、共感、共同、共有などの共的な観点の重要性を論じる。

人間は協力や連帯、分かち合いを好む動物であり、そうだからこそ、このように繁栄し、高い文明を築いたのである。人間の能力は自分の努力のみによるものではないので、能力の共有化が必要であり、今後の幸福や平和のためには、利他の精神やコモンズの志向様式が重要になることを指摘する。

一　同調性と協力

人間は同調性や共感力が高く、そのために、これほどの繁栄を謳歌《おうか》できたとも言えよう。このような同調性は、他者との調和の最も古い形で、自分自身の体を他者の体に重ね合わせ、他者の動きを自分自身の動きにする能力に基づいている。だからこそ、誰かが笑ったりあくびをしたりすると、私たちも笑ったりあくびをしたくなる。これらの同調性はサルや人間の新生児の段階にも見られる（De Waal 2009=2010 :79,117）。乳児室で乳児の一人が泣くと、他の乳児も泣き始めるのは、他者の苦しみをまるで自分自身の苦しみのように感じるからである（Rifkin 2022=2023:372）。

山極は、共感力によって、人間集団を大きくすることができたと説明している。人間の社会は共感力を高めて次第に集団の規模を大きくした。他の霊長類とは異なり、ジャングルから草原へと人間は移り住んだ。そこは食物に乏しく、危険な肉食獣が多いという過酷な環境であった。高い身体能力も武器も持たない人間が生き延びるために獲得したものが共感力であった。

だが、異質に見える人や別の集団に属していると思われる人と同一化するのは難しい。文化的背景や民族的特徴、年齢、性別、職種などが同じ、もしくは自分と似た人たちとのほうが同一化しやすいし、配偶者や子どもや友人など、近しい間柄の人であればなおさらである。同一化は共感の基本的前提であり、マウスも同じゲージで飼われている仲間に対して、痛みの伝染を見せるのである（De Waal 2009=2010:79,117）。

ただ、人間は血縁以外でも協力することがある。人間は時間をかけて成長し、成年に達するまでの長い期間を他者に依存しなければならない。そのため、血縁関係にない個体が協力して子どもを育て食事を与えることから大きな利益が生み出される。結果として、食物の供給、子どもの養育、非協力者への制裁、敵対する隣人たちからの防衛、正しい情報共有といった協力的な戦略を維持できた集団の成員たちは、互いに協力し合わない集団の成員たちに比べて、非常に優位な立場に立つことができた（Bowles and Gintis 2011=2017:11）。このように、人間の同調性や協力によって、より良い共存の組織が作られ、対立や争いを低減できるであろう。

二　連帯の可能性

協力や人びとの助け合いに関連して、連帯も注目されている。しかし、現代社会は連帯のための余地を狭めている。個人主義や能力主義、自己責任論は、他者とのつながりを遮断するイデオロギーとして機能している。また、資本主義のもとで加速される競争は、他者を連帯すべき同胞としてではなく、競争における敵と見なすことを強いている。

このように連帯が弱くなっているが、それだからこそ、連帯の重要性が強調されてもいる。また、人びとの連帯が様々な側面で見られることも事実であろう。

例えば、災害時に人びとの連帯がしばしば見られる。災害時においては、誰もが身一つの状態で路頭に放り出される。この事態が意味するのは、これまで人びとの生を支えていた様々な制度や生活が突然に崩壊してしまうということである。このような状況に置かれた時、人びとは、他者に頼る他に自身の生を維持する術《すべ》はないのである。さらに、この事態は、日常生活に張り巡らされ、人びとを分断していた階層や地位などの壁が一時的にせよ崩れ落ちてしまうことを意味する。大災害においては、期せずして、人びとが垣根を越えて助け合うことを可能にする連帯空間が切り開かれる。これを「災害ユートピア」と呼び、この空間において、人は相互扶助と利他主義に生きるのである（馬淵二〇二一：三二九、一九一二〇）。

三　様々な連帯

この他に、社会には様々な連帯が存在する。市民的連帯の一つとして福祉制度がある。資本主義が生み出す労働の搾取や商品化、過剰競争、貧困・格差の増大を、福祉制度によって、脆弱性を回避するのである。

また宗教的連帯も存在し、多くの宗教が、貧しい者たちに手を差し伸べ、信仰者の共同体の外部での助け合いの仕組みを作ってきた。確かに宗教の主要な課題は個人の内面の救いではあるが、同時に、社会によって生み出される苦しみを取り除くことも、宗教によって営まれた取り組みである。

さらに経済的連帯もあり、利潤の最大化を至上命題とする資本主義経済に対抗して、それとは異なる価値観に基づいて構想され実践されているものもある。例えば、生産・加工・運搬・販売・金融など多様な経済活動が、組合員の共同により運営される協同組合やフェアトレード、マイクロ・クレジット、ユイ（結）やモヤイ（舫）などもある。フェアトレードとは、グローバル・サウスからの輸入品を公正な条件で購入しようとする運動である。マイクロ・クレジットとは、無担保で女性たちに少額の融資をし、彼女らとともに協業することである。ユイとは、田植えや稲刈り、屋根の葺《ふ》き替えのように、一人でこなすことが困難な作業を、地域の住民の力を借りて協働で行う互助行為である。モヤイとは、地域の道路補修、用水路の管理、地域の草刈りなどを関係者が共同で行い、その共同作業の成果を分かち合う仕組みである（馬淵二〇一二：二六二、二六四、二七四―二七五）。

最近、共有型経済（シェアリングエコノミー）も注目されている。多くの人びとがネットワーク化されたコモンズで、自動車や自転車ばかりでなく、住居や衣服、道具、玩具、さらに技能もシェアしている。ほとんど使いもしないのに、お金で買っている愚かさに気づいたのである。このことにより、格差を是正し、生態系にやさしい持続可能な社会を生み出すことができよう（Rifkin 2014=2015:9,361）。

最後に、人類全体を包摂する人間的連帯もあるが、その可能性をめぐって議論がある。本当に可能なのか、身近な者との連帯が重要ではないか、などの意見もある。さらに、そもそも連帯は常にプラスの価値を持つものではない。人種差別主義者やファシストも連帯する。また連帯は、連帯の内部と外部を分け、外部を排除する可能性もある（馬淵二〇二一：一六一、二一六、二五八―二七五、二八〇、三二）。このようなことも議論しながら、人びとの相互扶助、分かち合い、利他主義としての連帯が求められている。

四　分かち合いを好む人間

人間は分かち合いを好む生物でもあり、独占するよりも分かち合ったほうが幸福感を得られる。競争原理は、他者の成功が自己の失敗となり、他者の失敗が自己の成功となることを求める。それに対して分かち合いの原理は、他者の成功が自己の成功となり、他者の失敗が自己の失敗となるのである。

家族を想定すれば容易に理解できるように、構成員の誰かが不幸になれば、自己も不幸になるような関係が社会には存在している。このように、人間の幸福は奪い合うものではなく、分かち合うものである。悲しみを分かち合うことができれば、悲しみを分かち合ってもらった者だけではなく、悲しみを分かち合った者も満ち足りる。人間が幸福だと実感するのは、自己の存在が他者にとって必要不可欠な存在だと感じられるからである（神野二〇一七：二〇―二二）。

山極は、現代の暴力や戦争を止めるためには、人間の持つ能力をもっと積極的に活用するべきであるとして、次のように主張している（山極二〇〇七a：二二七―二二八）。人間の社会性を支えている根元的特徴とは、育児の共同、食の公開と共食、インセスト（近親交配）の禁止、対面コミュニケーション、第三者の仲介、言語を用いた会話、音楽を通した感情の共有などである。霊長類から受け継ぎ、それを独自の形に発展させたこれらの能力を用いて、人間は分かち合う社会を作った。それは強力な権力者を作らない共同体であり、もう一度この共同体から出発し、上からではなく下から組み上げる社会を作っていかねばならない。

人間は多産性を獲得して以来、共同で育児をすることを社会の中心に据えてきた。共同の育児という教育によって、人間の子どもたちは多様性を身につけることができるようになった。このことをうまく活用すれば、対立や戦争の低減化にも寄与できるであろう。このように分かち合いや共同性は人間にとって重要であり、平和を維持する一つの要因ともなろう。

五　能力の共有化

能力は、個人の努力のおかげだと通常は考えられているが、実はそうではない。現在豊かで恵まれている人は、他者から奪った人もしくはその末裔《まつえい》であり、豊かな人は本人の努力のみでそのような状態になったわけではない。生まれ落ちた先が劣悪な状況で、本人の努力でどうすることもできない場合がある。それを運命という言葉で覆い隠すのではなく、改善する必要がある。

現在、正義論の議論が盛んであり、その観点から配分的正義や能力の共有化を説く論者として哲学者の岩田靖夫がいる。彼によれば（岩田二〇〇八：一七五―一九七）、同じ地球上に多くの人が住む時に、ある人は運命の偶然により、気候の良い土地に住み、豊かな地下資源に恵まれ、その結果、鋭い知性を育《はぐく》み、文明を発展させ、巨大な富を蓄える。しかし、他方には、同じく運命の偶然により、厳しい気候のもとに、荒れ果てた土地に住み、極めて貧しい生活を強いられている人がいる。この運命的不平等の除去のためにこそ、人類が全力を挙げるべきであろう。

能力は個人の努力によるものと考えがちだが、能力は個人のものではなく、社会の共有財産でもある。様々な偶然によって高い能力を得た者はそれを共有財産として、社会に還元する義務がある。コモンズ思考や共有意識により、排他的主権国家システムを相対化し、格差や対立、戦争を低減化することができよう。

天文学者の松井孝典も所有について疑問を投げかけ、レンタルの思想を主張する（松井二〇〇三：一〇三、一三四、一八〇、二〇七）。私たちの存在そのものが実はレンタルであるが、私たちは自分の体を自分の所有物だと思っている。しかしこれは物として地球から借りているにすぎない。死ねば地球にかえるだけのことである。私たち人間や他の生物、さらには無機物も含めて、全て宇宙のチリやガスから作られた。そのような様々なものを借り、恩恵を受けて今、生きているのである。

六　利他の側面

人間は利己的側面もあるが、利他的側面も有している。近年の研究において、人間の様々な利他行動が報告されている（Bowles 2016=2017: iv,38）。一歳未満の子どもが手の届かないところにある物をとろうとする大人を見て、見返りがなくても夢中で手助けしようとすることが確認された。だが、大人の手助けをすることで見返りを得られた場合では、子どもたちが手助けをする比率は四〇%も低下した。他の実験でも、協力者を裏切ることによって大きな物質的利得を得ることよりも、相互協力をほとんどの被験者が選好した。また、他者のためにお金を使うほど幸せを感じるという研究結果もあり（川合二〇一五：一八二）、人間は与えることに喜びを感じる動物なのである。

このように、人間の社会は利他行動をもとにして成り立ってもいる。こうした行動なしには、人間の社会は血縁集団を超えるような大きな集団を形成できなかった。あるいはその逆で、大きな集団を形成したからこそ、利他行動が必要になったとも言える（小田二〇一一：四二）。

しかし、利他行動が方向性を間違い、エスカレートする場合もある。戦時などの危機状況でよく見られる自己犠牲、企業や学校に対する過剰な忠誠心、家族内部での過度な共依存、所属集団に迷惑をかけたという自責の念からの自死など、行き過ぎた「利他」によって深刻な弊害があることにも注意する必要があろう（飯田二〇一六：三八）。このような点に注意しながらも、本来の利他的な行動により、対立や争い、戦争への道を回避できるであろう。

さらに人間は集団生活をする相互依存度の高い霊長類の末裔でもある。私たちは他人に頼ることなしに生きてはいけないのである（De Waal 2009=2010:37）。

　このように、人間は共同、協力、共感し、利他的行動を好み、それゆえ現在まで繁栄してきた。また人間は、他者に頼り、他者の苦しみをつらく感じる動物なのである。これらの志向は平和をもたらすために重要な指標となろう。

　その利他的行動を単なる内集団ではなく、世界や宇宙にまで広げられるのかが、今後の課題であろう。また「他」を人間以外の動植物、無機物も含めて考えることも重要であろう。

七　コモンズの可能性

　コモンズとは、人間集団によって分かち合う資源とされ、「家族の冷蔵庫」といった極小の集団資源から、「道や公園や図書館」というコミュニティレベルの資源、「深海資源、大気、インターネット、科学知識」といった国家間、地球レベルの資源までを含むものとして最近では使用されている（菅二〇一三：二〇）。このように、自然資源をコモンズとする狭義の概念に基づきながらも、より広い文脈の中にコモンズを位置づける流れが展開している（中川二〇二三：一〇七）。

ハーディンは、「コモンズの悲劇」の中で、コモンズは必ず過剰利用され荒廃すると主張した(Hardin 1968:1243-1248)。つまり共有地は、少数の人間が短期的な自己利益を追求することで、破壊されてしまうのである。例えば、共有の牧草地において、自らの牛の繁殖のために、他者よりも多く自分の牛を入れて、たくさんの草を食《は》ませることにより、牧草地が荒れてしまう。つまり共有資源の乱獲《らんかく》により資源の枯渇がもたらされる結果になるとした。

このようなハーディンの主張に対して、多くのコモンズ研究者は経験的な知見に依拠しながら反論してきた。ハーディンは、人びとが放牧頭数を抑制するために長期にわたって自らルールや制度を築いてきたという事実を軽視してきた、と批判したのである（林、金澤二〇一四：二四三）。

人間が生きていく領域を、国家などの公的領域、個人の私的領域、コモンズなどの共的領域と分類するならば、近代化の過程で、公的領域と私的領域が、共的領域を挟み撃ちにして、侵食してきた。十五世紀から十八世紀のイギリスでは、開放耕地制の農村を解体するエンクロージャー（土地を排他的に囲い込む者）が貧農を農村から追い出し、土地の商品化を促して、産業革命を準備した。これは、私的領域の拡大による共的領域の侵食だったと言える。日本では明治維新後の地租改正の際、農民の生活を支えていた入会地《いりあいち》の多くを官有林化してしまった。これは、公的領域の拡大による共的領域の侵食だった（山本二〇二二：一六―一七）。

現在、様々な局面でコモンズが広がってきており、いわば公共や共有としての共の潜在力の拡大が起こっている。その反面、共の潜在力を囲い込み、弱肉強食の資本主義の新たなマイナスのフロンティアを創出しようという動きも見られる。この新しいエンクロージャーは新たな形で囲い込み、営利企業の資本蓄積のチャンスにしようと企てている。例えば、今までは知識や情報は共有財産という認識が強かったが、それが希薄になり商品化と効率化が進んでいる。さらに生物のDNAでさえ、そのようになってきている。生物のDNA配列は、生態系が数十億年間の試行錯誤を経て作り上げてきた自然の創作物である。それを企業の私的所有物にしようとすることは、生態系コモンズの新たなエンクロージャーであろう（山本二〇二二：一九、一二一―一二三）。

このように共的領域のコモンズと個人の私的および国家などの公的領域がせめぎ合っている現状がある。現在、環境問題が深刻化し、貧困・格差が大きな問題となり、世界的に共有や共同が求められているので、このようなコモンズ思考は重要であろう。大地、空気、水のみならず、知識や情報、遺伝子の共有可能性も大事であろう。

おわりに

現代社会は競争が激化し、協力や連帯、分かち合いが軽視されていた。しかし協力を好む志向様式があったからこそ、人類は繁栄し、営々と歴史を築いてきた。能力は自己の努力のみによるものではなく、社会の共有財産であり、能力の共有化が必要である。このように、今後はシェアとコモンズの時代になるであろう（山極二〇二三：九六）。今後の幸福や平和のためには、利他の精神やコモンズの志向様式が重要になろう。さらにこの利他やコモンズの概念をどこまで広げられるかが、今後の課題でもある。

第十章　幸せとケア：しなやかな強さと奇跡の存在

はじめに

　ここでは、まず幸福の定義を行い、物質的なものに還元されない幸福の重要性を指摘する。日本は世界の中で、経済力では上位にくるが、幸福度はそれほど高くないことを見ていく。幸福の要素として、ケア的志向性や自死させない方法、しなやかな強さであるレジリエンス、大きな問題があった後にもむしろ成長することなどを論じる。最後に、人間が生きていることは奇跡であることを指摘する。

一　幸福の定義

人は幸せを求めながらも、様々な問題にぶつかり悩みを抱えて生きている。諸問題が渦巻く変革期の現在こそ、幸福とは何かをもう一度問い直さなくてはいけないだろう。

幸福概念を簡単に整理すると、ハピネス（happiness）とは、一時的な幸福感情を指している。それより広い概念のウェルフェア（welfare）とは、弱者救済としての福祉や幸福の意味である。さらに広義の概念として、ウェルビーイング（well-being）とは、一人ひとりの自己実現や、肉体的・精神的・社会的幸福のことである。

最近、幸福を意味するこのウェルビーイングが注目されている。短期的ウェルビーイングはヘドニア的ウェルビーイングとも呼ばれ、快楽・力・物質・利益に焦点を置いている。これはむしろ、ハピネスに近い状態であろう。

これに対し、長期的ウェルビーイングはエウダイモニア的ウェルビーイングとも呼ばれ、親しい友人や子どもへの好影響、利他的行動や価値志向、環境保全的な行動や価値観、未来志向性といった要素が強い。したがって当然、後者の長期的ウェルビーイングのほうが重要となってくるであろう（小林二〇二一：一一三）。

ウェルビーイングを構成する五つの要素として、ＰＥＲＭＡが挙げられている。それは、ポジティブ感情（Positive emotion）、没頭・熱中（Engagement）、人間関係（Relationship）、意味・意義（Meaning）、達成（Accomplishment or Achievement）である。世界保健機構（ＷＨＯ）憲章前文にも「健康とは、単に病気ではないとか病弱ではないのではなく、肉体的にも精神的にも社会的にも完全に良好な状態にあること」（一九四八年）と定義されている（小林二〇二一：四九、一八五）。さらに、今後はスピリチュアルな側面や、地球の健康も視野に入れる必要があろう。

二　幸福度調査

二〇一九年の世界幸福度調査によると、次の六つの指標、一人当たりのＧＤＰ、社会的支援、健康寿命、人生における自由度、寛容さ、社会の非腐敗度の総合評価で、日本は百五十六か国中五十八位で、Ｇ７の中では最低順位であった。また、二〇一七年のＯＥＣＤ加盟国の順位では、日本は二十三位であった。その中でマイナスの項目は、住宅環境の貧困さ、所得が高くないこと、コミュニティ活動の低迷、環境問題対策の不徹底さ、政治への市民参加がないこと、人生に満足していないこと、ワーク・ライフ・バランスの不十分さなどであった（橘木二〇二一：一三五―一三八）。

これとは別に、日本における様々な調査結果から、高い所得、教育、女性であること、健康といった変数が、幸福度を高めていたこともわかった（橘木二〇二一：五六）。

二〇二二年に国連が発表した幸福度ランキングによると、日本は前年から二つ順位を上げて五十四位で、首位は五年連続でフィンランドであった。また、日本は個人年収などの経済指標やＧＤＰの客観的幸福度の指数は一九五八年から上昇しているが、主観的幸福度は過去五十年間変化しておらず、ＯＥＣＤ諸国のうち主観的ウェルビーイングは最下位であった（豊島、赤瀬二〇二二：四二）。

幸福度調査は、回答をする際の自己評価の低さなどの文化の違いなども考慮しなくてはならないが、日本は経済力の割には、幸福度はそれほど高くなっていない。そもそも、ここ三十年くらいは経済力も落ちており、様々な不満や絶望がかなり蔓延している。

三　ブータンの国民総幸福

経済学は、数字に換算して物事を考える傾向にある。また、本来は数値化しにくい教育・健康・幸福というものについても、無理やり数字に置き換えて、コストと効果、サービスの多寡に換算することが多い（総合地球環境学研究所二〇二二：二七）。主流の経済学は市場経済を専ら利己心の体系として描いてきた。共感なき利己心、モラルなき利己心は、経済的にも人間的にも豊かさや幸福をそれほどもたらさないのである（山田二〇二一：九五）。

例えば、人力車の車夫が仕事を休んで恋人とひとときを過ごしたらＧＤＰは減るが、幸福度は増える。木が伐採されたら、使われた労働力と生み出された木材がＧＤＰに加算されるが、失われた環境や木陰、酸素は差し引かれない。このように、ＧＤＰは価格がついて、販売できるものしか対象にしないのである（Banerjee and Duflo 2019=2020:224）。

現在のような貨幣で評価・測定できる生産物とその消費量から決まるＧＤＰではなく、より人間の豊かさを測定する尺度にすることが重要視されるようになってきている（駒村二〇一五：二〇六―

二〇七）。

このような一つの事例として、ヒマラヤ山脈東部のブータンでは、国民総生産（GNP）とともに、国民総幸福（GNH：Gross National Happiness）という指標が使用されている。ブータンは仏教徒が多く、仏教の影響を受けて、国民総幸福を掲げている。国民総幸福の立脚点は、人間は物質的な富だけでは幸福になれず、充足感も満足感も抱けず、また経済的発展は人びとの生活の質や伝統的価値を犠牲にしてはいけない、ということである（枝廣他二〇一一：四四–四五）。

二〇〇八年の第六十三回国連総会でブータンの首相であったジグミ・ティンレイが行った次のような演説は、この国民総幸福を体現したものであった（枝廣他二〇一一：一七三–一七六）。

「我々の日常は常に、まだ充分所有していないという不安感、そして隣人や友人よりもより多く持ち、より成功したいという欲望に満ちています。我々は、自分たちに与えられた資源どころか、まだ生まれてもいない世代のために与えられたものをも使い、消費しているのです。自然資源を絞り出し、生産性を上げ、消費を増やし、計り知れないほどの汚染した廃棄物を排出しながら経済を拡大している間に、地球の気候は変化しています。（中略）個人や共同体の幸福が中心に据えられ、一時的な快楽ではなく、真の幸福をもたらす、価値ある持続可能な発展のための総合代替的パラダイムを築くことはできるでしょうか。」

ティンレイの演説は、仏教的志向を基調としており、物質と欲望が渦巻く現代社会において、何を真の幸福と捉えるのか、ということにおいて強い示唆を与えるものである。

四　ケア的志向

ケアとは、気遣い、配慮、世話をすることであり、誰かのケアによってしか、生きることのできない人びとが必ず存在するので、ケアは人間社会の存続には不可欠なものである（岡野二〇一四：二）。ケアには、身体的なケア（鎮痛）、社会的なケア（人とのつながり）、心理的ケア（不安・恐怖をどう鎮めるか）、スピリチュアルなケア（生きること・病むこと・死ぬことへの問いに向き合う）などがある（浜渦二〇一三：五）。これらのケアをトータルに捉え、健康とは身体、心理、社会、スピリチュアル全ての側面で良好で安らぎのある状態として考えることが重要であろう。

また、ケアの営みは医療者から患者への一方向的なものとは限らない。医療者の患者への気遣いは、患者に感じられ、受け止められれば、そのことによって、患者から医療者への気遣いとなって返っていき、それが医療者の患者へのさらなる気遣いにつながっていくのである。ケアすることがケアされることにつながり、そしてケアされることが、さらなるケアにつながっていくのである（榊原二〇一八：一九五―一九六）。

コロナ禍でケアを担うエッセンシャルワーカーが最も厳しい立場に置かれていた。また、ケアという社会にとり不可欠でありながらも、非生産的労働として搾取されてきたことに対して、しっかりと支払いをすることで、社会の連帯を育んでいく必要がある（Kallis et al. 2020=2021:204-205 日本語版解説）。

本来、力を持つ者が、無力あるいは、自分より弱い他者に対して、いかに振る舞うのかが、ケアの倫理の中心である。人は傷つきやすく、一定期間、放っておかれると生きていけないほどの弱い存在であり、他者に頼らなければ生きていけないのである（岡野二〇一五：二一四）。今こそ、多くの虐《しいた》げられている人びとや環境問題、戦争で苦しむ人びとなどにケアが必要であり、さらにヒューマン・ヘルス、エコ・ヘルス、プラネタリー・ヘルスが待たれている。

五　自死予防要因

幸福とは対極に位置するものに自死がある。したがって、自死率が低い要因は、幸福と密接な関係があるであろう。徳島県の海部町（現海陽町）の自死率が低い要因を社会学者の岡壇は考察し、五つの自死予防因子を見出している（岡二〇一三：三七―九二）。

第一は、「いろんな人がいてもよい、いろんな人がいたほうがよい」という考えがこの地域では強いのである。統制や均質を避けようとするメンタリティやよそ者、新参者でも受け入れる雰囲気がここには存在する。クラスの中に多様な人がいたほうがよいとして、特別支援学級の設置に反対した。

第二は、人物本位主義を貫くということである。職業上の地位や学歴、家柄や財力などにとらわれることなく、その人の問題解決能力や人柄を見て評価する。

第三は、「どうせ自分なんて、と考えない」ということである。「自分のような者に政府を動かす力はないと思いますか」とのアンケートに、ないと答えた人の割合は、自死多発地域の二分の一であった。

第四は、「病《やまい》、市《いち》に出せ」という言葉である。「病」とは、単なる病気のみならず、家庭内のトラブルや事業の不振、生きていく上でのあらゆる問題を意味している。「市」とは、マーケット、公開の場を指す。同時にこの言葉は、やせ我慢をすること、虚勢を張ることへの戒めが込められている。弱音を吐かせるリスク管理術とも言えよう。

第五は、ゆるやかにつながるということである。隣人とのつきあいは、基本は放任主義である。必要があれば過不足なく援助する。

このように多様性を尊び、学歴や収入にとらわれず、自分に自信を持ち、物事をオープンにして、ゆるやかにつながっていけば、自死を低減でき、ひいては幸福に結びつくのである。

六　しなやかな強さ、レジリエンス

最近、レジリエンスという言葉がかなり使われている。レジリエンスとは、外的な衝撃にも折れてしまわず、しなやかに立ち直る強さを言う。もともと、「反発性」「弾力性」を示す物理学の用語であったが、ここから、外からの力が加わっても、また元に戻れる力という意味で使われるようになった。

レジリエンスは多くの分野に応用されているが、共通しているのは、外的な衝撃に耐え、それ自身の機能や構造を失わない力、ということである。強い風にしなって元の姿に戻る竹、山火事の後の生態系の回復、愛する人との死別を乗り越えてたくましく生きてゆく人、大恐慌が起こっても石油の輸入が途絶えても大きな影響を受けずに持続する暮らしや地域など、様々なレジリエンスが存在する（枝廣二〇一五：三、一九-二〇）。大きな不幸や大震災、戦争などの問題からどう立ち直るのかは、幸福を考える際にも重要であろう。

社会理論家のリフキンは、進歩の時代からレジリエンスの時代に移行するとしている。進歩の時代は効率が重視されていたのに対し、レジリエンスの時代は適応力が重要である。効率から適応力への転換は、生産性から再生性へ、所有からアクセスへ、消費主義から生態系の保全へ、国内総生産から生活の質の指標への変化を伴う（Rifkin 2022=2023:12-13）。

またレジリエンスとは、何か問題が生じた時に、単に元の状態に素早く戻る能力ではない。あらゆるものの関係は動的であり、時間の経過と様々な出来事の発生によって、状況は刻々と変わっているからである。つまり、レジリエンスとは、状況を取り戻すだけではなく、以前とは異なる新しい水準で適応し、自分の居場所を確保する能力でもある（芝田二〇二三：四二五）。

七　心的外傷後成長

人生において、様々な災害・事故など、またつらい生老病死に直面し、ＰＴＳＤ（心的外傷後ストレス障害）になる場合もある。しかし、このような逆境によって、ＰＴＧ（心的外傷後成長）が促されることもある。トラウマ的な出来事を経験したことにより、むしろ人間の心の成長がもたらされるのである。

具体的には、次の五つの観点の成長が見られる。第一に、「他者への関与」であり、人とのつながりにより経験される成長であり、他者に対する接し方の変化、思いやる気持ちの強まりなどを意味する。第二に、「新たな可能性」であり、その経験がなかったならば起きなかったような活動への参加や、これまで考えていた人生とは異なる可能性が開けてくることである。第三に、「人間としての強み」であり、自分自身の捉え方、自己認知に対するポジティブな捉え方への変化である。最悪な出来事が自分に起こった状況においても、自分はまだ生きている、自分には強い側面があると感じること、今後は些細なことではへこたれないという自信を持てるようになることである。第四に、「スピリチュアルの変化」であり、元々信仰を持っている人であれば、より信仰心が高まり、信仰や宗教に関心がなかった人も、人間を超えた存在や現象についても改めて考えるようになることである。第五に、「人生に対する感謝」であり、これまでは当然のものであると考えていたことについて、経験を通じて、それは特別のことであるという感謝の念を抱くようになることである（加藤二〇二三：六二―六三）。このように人間は困難を経験したからこそ、むしろ成長する場合もあり、人間の可能性やレジリエンスの力は高いのである。

八　奇跡の存在

長い時間軸や宇宙的視野から人間を見つめると、その奇跡に驚かされる。今ここに生きている私たちは約四十億年の生命の流れや約百三十八億年の宇宙の流れを、一度も途切れることなく受け継いできた唯一無二の存在であり、私たち全ての存在が「万世一系」である。憲法学者の小林直樹は次のように私たちの存在の奇跡性を主張する（小林直樹二〇〇六：二二、二四—二五）。

私たちは両親の子として、この時代に、この国土の、この家族の一員として生まれ育てられた。その両親もそのまた両親も、時も所も自分が選んだのではなく、それこそ運命という他はない。

私たちの生命は、父母の性的交わりに始まるが、ある時の、ある条件下で、数億の精子の一、二個がたまたまその時の卵子と結合したことは、途方もない確率の偶然である。しかも同じような事態は祖先の全てのカップルにあったことだから、それが何万世代にもわたると計算不能の超偶然の結果、つまり奇跡ということになる。

私たちの祖先たちは皆、自然災害や天敵の来襲や病気や戦争などによる死の危険に直面しながら、それを免れて、三十数億年もの間、子孫を生んで生命を伝えてきた。これも驚嘆すべき奇跡である。

例えば、六千六百万年前の隕石の衝突により恐竜が絶滅したが、その隕石の衝突がなければ、恐竜はいまだに地球最大の生物として君臨していた可能性があり、その結果、哺乳類は小型のままであり、人類が誕生することもなかったかもしれない（Alvarez 2017=2018:41）。恐らくこのようなことが無数にあって、今こうして私たちは人間として生きているのだろう。

そもそも、地球という惑星も、その出来上がりからして奇跡的な天体である。太陽からのちょうどよい距離のために、生命を育む水が存在し、適当な温度を保ち、そのおかげで私たちも他の生物も生かされている。さらに宇宙そのものも、奇跡の連続であり、地球上の生命の誕生も同様である。

このように、私たちも他の生物も地球も宇宙も、全てが奇跡の存在であり、かけがえのない尊厳を有しているのである。それらをいつくしみ合いながら、共存することは当然のことであろう。

おわりに

幸福の定義において、物質的なものではない、生きがいや絆、充実感や生活の質などの幸福が重要であった。日本は経済力では上位にくるが、幸福度はそれほど高くなかった。幸福の要素として、自死をさせない志向様式、しなやかな強さであるレジリエンスや、大きな問題があった後にむしろ成長する心的外傷後成長は、現在注目されている。このように、一人ひとりが様々な経験をしながら、私たち人間が今、こうして生きていることは、奇跡そのものなのである。

【第三部】

宗教と戦争

：イスラームと仏教の幸福・平和と最近の戦争

第三部では、宗教を事例として、イスラームと仏教の幸福観と平和観を論じ、さらにイスラエル・パレスチナ紛争とウクライナ戦争をイスラームの視点から考察し、平和・共存を目指していく。

幸福と平和の問題について、今まで最も探究したのは宗教であるので、宗教的観点ははずせないだろう。具体的には、イスラームと仏教の福祉観・障がい観・コロナ観について比較して論じ、ジハード概念、棄教《ききょう》問題、戦争と平和の問題も考察していく。また、イスラエル・パレスチナ紛争の歴史と現在を論じ、さらにウクライナ戦争をイスラーム的視点から見てみる。これらの紛争を解決する糸口として、イスラームの寛容性やオスマン的共存様式が有効であることも分析する。

第十一章　イスラームと仏教の幸福

はじめに

世界は現在、大きな変動期であり、戦争、環境問題、疫病、貧困・格差など諸問題が横たわっている。このような状況の中、多くの宗教も様々な役割を担い、議論や対処をしている。イスラームも仏教も、民族を超えたいわゆる世界宗教であり、このような諸問題の解決に努めている。

本章では、今まであまり比較されたことのないイスラームと仏教の幸福について、特に福祉・障がい・コロナ・健康に関する経典や議論を紹介し、どのような意見があり、現実にどのように対処しているのかを考察する。

一　イスラームの福祉観

（1）弱者救済のイスラーム

現在、中東イスラーム地域を中心にテロや紛争が頻発している。このことからイスラームが、戦争と暴力の宗教だと報道されることが多い。しかし、イスラームがテロや紛争を防いでいる側面があることも指摘する必要があろう。テロや紛争の原因の一つが貧困・格差にあるとするならば、それらを低減しようとする理念や装置が、イスラームには存在するからである。つまりイスラームが紛争の芽を摘み、共存を担保しているのである。

ムスリムが行うべき五行の三番目に喜捨があり、それは社会福祉、経済的再分配の機能を果たし、弱者救済を行っている。イスラームは孤児や貧困者、寡婦《かふ》などの弱者に対する温かいまなざしを持っており、相互扶助の思想も有している（Doğan 2006:254）。クルアーンにも「本当の敬虔《けいけん》とは、（中略）親族、孤児、貧者、旅人、物乞い、そして奴隷たちのために自分の大切な財を分け与え、礼拝の勤めを守り、喜捨を行うことである」（クルアーン二章一七七節）とある。

イスラームが成立した頃のアラビア半島では貧富の格差が増大し、イスラームがそれに対して批判を加えた。ムハンマドが孤児で苦労をしたこともあり（Singer 2008:120）、弱者の救済を掲げて、それ以前の体制に挑戦したのである。

（2）喜捨による再分配

喜捨は、所有する財産に課せられる義務的なザカートと自発的なサダカに分けられる。ザカートは適正な分配や富の循環をもたらし、貧富の格差を是正し、慈善事業や社会正義の実現にも寄与した（Dean and Khan 1997:197-198）。

サダカの対象者は、自分の家族や親族ばかりでなく、貧困者、寡婦、孤児、旅行者なども含まれ、さらには多神教徒や敵対者も対象となる。サダカは金品の施《ほどこ》しの他、親切な言葉や見舞い、遺族への慰めなど全ての慈善行為が含まれる（森二〇〇二：三九九）。このように喜捨は、広範な人びとが対象であり、幅広い活動を包含するものなのである。

喜捨の精神はイスラーム金融などにも息づいている。利子の禁止により、金持ちがより金持ちになるシステムを回避している。さらに、資金提供者がリスクを負わない不公平性、労働なしに資本が増加する不労所得、利子分が上乗せされる不等価交換の三つの観点から、利子は批判されている。

また、イスラーム金融にはグラミン銀行などのマイクロ・クレジットに代表される、国際市場がカバーできない地域社会や貧困層に根を下ろした庶民金融も存在し、現在もかなり発展している（加藤二〇一〇：八五）。

喜捨の教えや断食や巡礼などは、社会関係資本としても機能している。現在、過度の自由競争や効率を優先する新自由主義によって格差が増大する社会に対して、イスラームが一つの代替を提示している。

二　仏教の福祉観

（1）仏教福祉の意義

仏教福祉学は、社会福祉を実践する上での原動力となる仏教精神や慈善の精神に、焦点を当てる学問とされる（三宅一九九九：一八八）。このような仏教福祉において、慈悲と縁起の考え方が重要である。慈悲の「慈」はいつくしみを意味し、「悲」は他者の苦しみに同苦することであり、つまり一切衆生に楽を与え、苦を抜くことである（長崎二〇〇八：八八）。縁起とは、全てを関係性の中で捉える考え方であり、それぞれの事象はそのものだけによって存立するのではない。

また、福田《ふくでん》の思想も重視されている。福田とは、善き行為の種子を蒔《ま》いて、功徳の収穫を得る土地または幸福を生み出す田という意味である（長谷川二〇一一：三二）。さらに誰にも仏性があり、自他ともに自己実現することも重要であろう。このような考え方を基礎に仏教福祉が行われている。

仏教福祉が世界の福祉に貢献できる点は三点あると言われている。第一は、仏教には不殺生《ふせっしょう》戒《かい》があり、世界の平和に貢献できる。第二は、あらゆる生あるものの仏性を保障しており、市場経済のグローバリズムによる貧困・格差や環境問題等に対して歯止めがかけられる。第三は、仏と衆生を一体のものとする自他不二《じたふに》や、客体（環境）と主体（自己）は深い関係にあると考える依《え》正《しょう》不二に基づく共生をもたらす点である（吉田二〇〇三：五四―五五、中垣二〇〇八：一五八―一五九）。

（2）仏教福祉への批判

このような仏教福祉であるが、いくつか批判も存在する。

仏教学者の高石史人によれば（高石二〇〇五：二四）、上位概念としての「福祉」（人間の幸福）に結びつきそうな教えを、状況論抜きに仏教経典の中から恣《し》意《い》的に部分抽出して「仏教福祉」と称するものが見受けられる。また、仏教学者の孝橋正一によれば（孝橋一九九四：七七）、仏教社会事業を仏教の領域から探究する時は、主として慈悲や利他、菩薩道などを中心とする仏教理念からなされるのが通常である。その結果、仏教理念が当然の前提となった超歴史的性格を持つようになってしまった。

他の仏教福祉に関する批判として、仏教思想をもってすれば、社会的あるいは個人的問題が解決するという仏教至上主義である（菊池二〇一五：六二）。これは仏教のみならず、宗教福祉一般にも言えるであろう。

さらに、宗教を利用しているとの批判も、仏教福祉のみの観点ではないが存在する。物乞いやホームレス、障がい者の後ろに神を見るのならば、この人たちは一人ひとりの「その人」としてではなく、神の代わりに愛されている。道端に倒れているその人たちは、宗教者が神を愛するための手段として利用されているのである。私たちが手を貸し、人を助けるのは、誰かが手を必要としているからであって、自分が神の国に入るためであってはならない（八窪二〇一〇：一七五）。このような批判は重要であり、福祉を手段化する弊害を避けなければならず、手段と目的はできるだけ一致させる努力が必要である。

このような仏教福祉への批判とともに、逆に、福祉における思想や宗教性がないことへの批判も存在する。

明治以降の近代化の流れの中で、西洋からの輸入という形で行われてきた日本の社会福祉は、歴史的過程において宗教性が切り捨てられてきた。それに対して、「信」に根拠を置いた理論と実践が希求されている（澤野二〇一一：九五、一〇二）。このように仏教的特色を持った福祉が求められているのであろう。行き過ぎた宗教および仏教批判により、他の福祉とあまり変わらない仏教福祉となっては存在意義がないであろう。

三　イスラームの障がい観

(1) イスラームの特徴

障がい者は世界に約十億人、世界人口の約一五%もいて、世界最大のマイノリティである。また、宗教の観点からの障がい研究は基本的に、キリスト教からのものが多く、イスラームの視点は少なかった (Ipek 2019, Ghaly 2010: xi ,1)。このようなことからもイスラームにおける障がい観の研究は重要であろう。

イスラームでは、人間は本来善であり、けがれのないものとして生まれると言われている。また、肉体が完全もしくは不完全であるとの概念はそれほど強くはなく、どのような人間も神の前では平等であると考えられている (Bozna and Hatab 2005:11-12)。

イスラームにおいては、神は人間をはじめ他の何ものよりも超絶しており、厳格な唯一神であるので、キリスト教のように神の似姿としての人間という考えは強くない。神と人間との距離は遠く、人間は互いに差は少なく、また人間と他の生物との距離も比較的近い。このことから、障がい者と他の人間との差異は少なく、また人間中心主義に陥《おちい》らず、他の生物との共生・共存も視野に入れやすいであろう。

（2）障がい者へのまなざし

クルアーンには、障がいに関する表現は複数見受けられる。それぞれの数は、目が見えないこと三十二回、虚弱であること二十二回、耳が聞こえないこと十四回、口がきけないこと六回、足が不自由であること二回、となっている（小村二〇一三：七四―七五）。

クルアーンの四八章は勝利の章と呼ばれ、いわゆる聖戦とそれに対する信徒の義務について書かれている。そこには偶像崇拝者たちに対する聖戦の義務が書かれ、そのつとめを果たさない者は厳しく批判される。そのような中でも、身体的に障がいを持つ者には戦争への参加が免除されていた（小村二〇一三：七五）。クルアーンには、「目が見えない者たちは（戦争に参加しなくても）罪はない。足が不自由なものたちも罪はない。病人たちも罪はない」（クルアーン四八章一七節）とある。

二四章の御光の章にも同じような表現があり、障がい者を食事の席から排除することを禁じている。「目が見えない者たちでもかまわない。足が不自由なものたちでもかまわない。病人たちでもかまわない。またあなたたち自身も、あなたたちの家で食べても、（中略）どこでものを食べても差し支えない」（クルアーン二四章六一節）。

勝利の章では、身体的に障がいを負った者に対する社会的責務の免除が、御光の章では、障がい者を共同体から排除することの禁止が説かれている。つまり、勝利の章は障がい者に対する免除規定が、御光の章では人権の保障が述べられている（小村二〇一三：七七）。

クルアーンでは他にも、貸借関係を結ぶ際に、「ただし債務を負うべき者が、知的障がいや精神障がい、口がきけない者のような場合は、その後見人に間違いのないように口述してもらうこと」（クルアーン二章二八二節）とあり、障がい者の経済的権利を保護している。また、目が見えない者にイスラームをきちんと教えず、冷たくしたので、ムハンマドがアッラーから叱られる場面もある。「あのような者も、清らかな身にならぬ者でもあるまいに（熱心にイスラームを説いてやれば、立派な信者になれるかもしれない）。はっと目が覚めて（信仰に目覚めて）教えが生きるかもしれないのに。何の助けもいらない者（身分のある金持ち）にはあれほど関心をよせるくせに」（クルアーン八〇章三節）。このように預言者がアッラーから叱責を受けており、金持ちと隔てなく、障がい者にもきちんとイスラームを授けるように、との教えなのである。

イスラームでは、貧しい人や障がい者などの弱者に対して、ポジティブな姿勢を見せており、障がい者と健常者を平等に捉え、障がい者の権利も説いている（Al Aoufi, Al Zyoud and Shahminan 2012:206,216）。

（3）障がい者への否定的側面

このように、障がい者に対して温かい言葉がある一方、否定的な側面も存在する。例えば以下のような表現がある。「神を信じない者のたとえで説くのなら、まず何と呼び掛けても（ただ意味のない）呼び声や叫び声としか聞いてくれない（動物）のようなもの。耳が聞こえなく、口がきけなく、目が見えないから、何が何だかわかりはしない」（クルアーン二章一七一節）。「我らの示す神兆の数々を嘘よばわりするような者は、みな暗闇の中にいる目が見えない者と耳が聞こえない者」（クルアーン六章三九節）。「この世で目が見えなかった者は、あの世でも目が見えない、ますます道を迷うばかり」（クルアーン一七章七二節）。

これらの障がいに対する否定的な表現は、現在では明らかに基本的人権に抵触するであろう。だが、直接的に障がい者に対して非難しているのではなく、たとえや比喩として使っており、いわばメタファーとして理解すべきであろう（Miles 2002:77）。

しかし、以下のような表現はメタファーとしては捉えることは難しいだろう。「そういう種類の人間（神の命令に背く者）こそアッラーが呪いをおかけになり、耳を聞こえなく、目を見えなくしておしまいになった」（クルアーン四七章二三節）。これは、神からの罰を受けて、障がい者になったということであり、イスラームの障がいに拘泥《こうでい》しない考え方とはかなり異なる。

イスラームでは、障がい者、寡婦、孤児、貧困者などの弱者救済が強調されている。したがって弱者を助けることは宗教的義務であり、障がい者をケアすると天国に行ける。また、弱者は神に近づく善行である慈善・施しの対象として必要不可欠の存在であると捉える（Hasnain, Shaikh and Shanawani 2008：36,40、藤本二〇一八：一四四）。このことは、弱者への配慮や弱者の存在を当然なものと捉えている側面もあるが、障がい者を天国に行くための手段としているとも言えよう。つまり、障がい者そのものに価値を見出しているとはあまり言えないだろう。

さらに現実のイスラーム地域では、障がい問題が多数存在する。例えば、やや古い資料ではあるが、トルコにおける障がい者の大学進学率は、一般の三分の一以下である（Tufan, Yaman and Arun 2007:839-840）。またイスラーム地域では、宗教・ジェンダー・人種的差別、貧困・格差、低い識字率、民主主義の未熟さ、権威主義体制、戦争とテロなど、多くの問題が山積している。このような状況下で、障がい者は社会参加の機会を奪われ、社会の発展から最も取り残されているのが現状である。また紛争が多く、それによって障がい者がさらに増えている（長田二〇〇五：i）。もちろん、イスラームの宗教的側面が直接影響して、障がいを生み出しているわけではないが、現実に障がい問題が多いのは事実であり、要因をきちんと吟味して今後研究していくべきだろう。

四　仏教の障がい観

仏教において、病気の人や障がい者は、苦（病や障がい）を自ら引き受けることでその帰属集団の人びとの健康・健常さを保障する利他的行為と考えられており、彼らは社会のお荷物ではなく、逆に、その集団を支える重要な存在として評価すべきであるとされている（村岡二〇一一：二九）。

仏教思想の代理苦や代受苦の考えは非常に示唆に富むであろう。他人に代わって苦しみを引き受けるということであり、生きとし生けるもの一切の衆生を救う利他行や、あえて困難を背負って衆生を救済するという願兼《がんけん》於業《おごう》にも通ずるであろう。また、病気や障がいのみならず、災害や様々な困難に直面した人、貧困・格差などの弱者一般にも通じるであろう。

　このように弱者や犠牲者が健常者の身代わりになっている、ということは重要な視点であろう。また、弱者の存在自体が代理苦によって、すでに強者を支えるという役割を果たしており、この点で強者には弱者に対する負債（恩義）というものが生じてくる。したがって、強者は弱者の治療や生活支援等によってその借りを返済すべきものとなる。

　さらに、弱者と強者の関係は、日常的に交換が繰り返されている。ある病気では病者であるが、違う病気に関しては健常者であり、また時間の経過によっても病気・健常は変化していく。このように、病者と健常者は、病気ごとに利他的役割を交換しながら、その集団全体が抱える病気や障がい等の様々な問題に、その都度対処して克服していく互酬的ネットワークを形成している（村岡二〇二一：二六―二七）。

　仏教思想において、病や障がいは前世の業であるとの考えもあるが、病は善知識であり、障がいや疾病にプラスの価値を見出している場合もあり、障がいへの畏敬の念もあった（山本二〇二一：二、高野二〇一八：九〇）。

五　イスラームのコロナ観

(1) 宗教とコロナ

宗教は、そもそも感染症の歴史の中で発展してきたとも言える。仏教、キリスト教、イスラームなど世界に広がった宗教は、中東からインドにかけた地域で誕生したが、この地域は古くから豊穣な大地であり人口も多く、都市が発展していたので、マラリアや天然痘などの疫病の多発地帯であった。そうした感染症などの災難や不安、絶望にさいなまれる人びとの救いとなったのが、宗教であった。人びとは、その中に希望を見出そうとしたし、事実、希望を与えられてきたからこそ、今でも宗教が人類にとって大きな意味を持っているのである（井上二〇二二：一〇一-二一）。

宗教がコロナ禍において、人びとのレジリエンスに大きく貢献したことが研究されている。宗教的な関わりが、個人の精神的健康やウェルビーイングを補強し、精神障がいの悪化を防いでいる。宗教が、隔離の結果生じた苦しみを最小限に抑制している。宗教が健康に影響を与え、苦しみを軽減している。コロナ禍にあって、精神的・宗教的営みを継続できるようにすることが、公衆衛生対策として重要である。またマントラ（言葉、呪文）の詠唱《えいしょう》が、長期的には日下のストレスを管理し、レジリエンスを構築する利点がある、といった考え方がある（キンガ二〇二三：九—一二）。

コロナによるパンデミックの不安な時代に、宗教は経済や医学が提供しえない「安心」を提供しうる存在ともなっている。このような観点とともに、宗教は合理主義を否定し、非科学的行動を信徒にとらせるがゆえに、ウイルスとの戦いにおいて足かせになるとも言われている（小川二〇二一：七）。このように、コロナ禍における宗教は両義的存在として位置づけられている。

（2）イスラームの危機管理

宗教の教えの中には、様々な困難、災害、戦争、危機への教訓、対処などが説かれていて、イスラームも例外ではない。中東地域は、地震、干ばつ、テロ、戦争が多い地域であり、クルアーンや、預言者ムハンマドの言行録であるハディースなどにおいて、危機にどう対処するかが書かれている。

これらの中での危機管理の表現として、忍耐、隔離、チームワーク、避難、準備、楽観主義などが重要であるとされている（Al Eid and Arnout 2020:5）。

感染症などに対処する方法として、清潔を保つことが説かれており、清浄なることは信仰の半分に当たるとの表現もある。「寝起きに手を三回洗うまで、家庭用品に触ってはいけない」とのムハンマドによる言葉も残されている（Al Eid and Arnout 2020:7）。

また、クルアーンには危機において忍耐が大事であるとの表現も見られる。「我らはちょっと怖い目にあわせたり、飢えで苦しめたり、また財産、人命、収穫などの損傷を与えたりして汝らを試みることはある。しかしお前（ムハンマド）は（そんな時）忍耐強く耐えている者どもには喜びの便りを伝えてやるがよい」（クルアーン二章一五五節）。

イスラーム教徒は悪によって危機が訪れたと考えてはいけない、との言葉もある（Al Eid and Arnout 2020:10）。さらに、災いが良いことにつながることもあり、またその逆もあり、全ては神のみが知っている。全てが神の思《おぼ》し召《め》しであり、このことは諦めにつながることもあるが、いい意味での楽観主義とも言えるかもしれない。「汝らが自分では嫌だと思うことでも、案外身のためになるかもしれないし、自分では好きでもかえって害になることもある。アッラーだけが（事の真相を）ご存知で、汝らは実は何にも知りはしない」（クルアーン二章二一六節）。「地上に起こるいかなる災難も、汝らの身に起こるいかなる災難も、我らがそれを引き起こす以前に、（天の）帳簿についている。アッラーともなれば、それくらいわけないこと」(クルアーン五七章二二節)。このような表現も存在し、全て神の思し召しであると考えられている。

(3) コロナに対するイスラームの解釈

このような中、イスラームにおけるコロナをめぐって三つの解釈がある。第一に、「原理主義的理解」であり、コロナは天罰という見方である。近代化によって世俗化が進み、信仰を忘れた人間が増え、神が怒ったというものであり、イスラーム国(IS)などはこの立場に近い。第二に、「世俗主義的理解」であり、ウイルスは自然災害と同じく、自然のメカニズムから発生したもので、人間の信仰とは関係ないという政教分離、世俗主義的な見方である。第三に、「解釈主義的理解」であり、人類が自らの手でこの災難を乗り越える能力を有することを証明する機会を神は与えてくださった。それゆえにこの危機を収束させるために、人間は理性と信仰の双方を総動員していかなければならない、という見方である(小川二〇二一:一一-一二)。

西洋近代とイスラームの教義の調和を追究してきたイスラーム知識人を「リベラル・イスラーム」と言い、それは先に述べた第三の立場「解釈主義的理解」に近いものである。その「リベラル・

イスラーム」は、さらに三つに細かく分類される。第一は「リベラルなイスラーム教義」であり、イスラームの教義そのものが、西洋リベラルと同じ人権・民主主義・合理主義等の基本的価値観を共有しているというものである。第二は「沈黙のイスラーム教義」であり、クルアーンは神の言葉として絶対の聖典であるが、今回のパンデミック等のクルアーンでは言及されていない事象については、人間自らが判断することを神は許しているとする立場である。第三は「解釈するイスラーム教義」であり、クルアーンは神の言葉で神聖だが、それを解釈する主体の人間は誤りを犯す可能性を常に持っている。クルアーン解釈に複数の意見があるのは不可避のみならず、神の恩寵《おんちょう》であり、民主的な話し合いが大切とする立場である（小川二〇二一：一三）。今後は、文明間の対話のためにこの「リベラル・イスラーム」の立場は重要であり、イスラームが全世界の人びとと協力しながら、コロナ禍などの危機に対処する必要があろう。

六　仏教の健康観と感染症

仏教では疫病は、飢饉《ききん》、戦乱と並ぶ三災の一つとされている。また法華経方便品第二には、生命の濁《にご》りを五種類に分類したものとして、五濁《ごじょく》がある。①劫濁とは、時代の濁りであり、環境・社会に悪い現象が起こる、時代そのものの乱れである。②衆生濁とは、個々の人間の濁りであり、人間の心身が衰えることである。③煩悩濁とは、煩悩に支配される個人の濁りである。④見濁とは、思想の濁りである。⑤命濁《みょうじょく》とは、人間の命が短くなることである。悪世においては、このような五濁が強くなると説かれている（仏教哲学大辞典編纂委員会二〇〇〇：四八一）。

また病気の原因を、日本の僧・日蓮は中国の僧・天台の説を引きながら、六つの観点で述べている。「一には四大順ならざる故に病む・二には飲食節《おんじきせつ》ならざる故に病む・三には座禅調《ととの》わざる故に病む・四には鬼便りを得る・五には魔の所為・六には業の起るが故に病む（堀一九五二：一〇〇九）」。第一の「四大順ならざる故」とは、心身の調和が周囲の気候等の変化などで乱れ、病気になることである。第二の「飲食節ならざる故」とは、食生活の乱れ、第三の「座禅調わざる故」とは、睡眠や運動不足などの生活リズムの乱れを指す。第四の「鬼便りを得る」とは、身体の外側から襲い掛かる病因を示し、現代的に言えば細菌やウイルスなどによる病である。第五の「魔の所為」とは、誤った思想や欲望で正しい判断が奪われることである。第六の「業の起るが故」とは、過去世と現世に刻んだ悪業のことで、生命自体が持つゆがみ、傾向性が病因となることである（佐々木二〇二二：一二七―一二八）。

天台は健康の基本として次の五つを挙げている（鈴木二〇二〇：一三九―一四〇）。①調食（食べ物の質と量を調節する）②調身（散歩、体操、運動をする）③調息（呼吸を整える）④調眠（睡眠、生活のリズムを整える）⑤調心（心を整える）である。また仏法では、六根清浄と言われ、六根（眼・耳・鼻・舌・身・意の六つの感覚・認識器官）を清らかにすると、正しい認識・判断・行動ができるようになると説かれている（酒井二〇二二：三三二）。

仏教的観点から、感染症が蔓延する条件として、環境破壊、厭世《えんせい》思想、人心の荒廃、争いなどが考えられる。地球的規模の生命の尊厳を第一とする生き方、利他、共助の心が脈打つ社会を築くことが、感染症を食い止める鍵になるであろう（鈴木二〇二〇：三〇―三一）。

おわりに

イスラームと仏教の福祉観の相違点として、イスラームは宗教と他のものを分断して考えないので、福祉が社会に密接に結びついており、日常的実践を伴うものが多かった。

類似点として、いずれも弱者救済志向が強く、宗教的福祉とも言えるであろう。また、これは宗教一般に言えることであるが、目的は宗教の布教なのか、福祉なのかが問われている。単なる布教の手段とすることなく、福祉を増進することは世界の安寧に結びつき、それこそが宗教の目的とも言えるので、手段と目的を一致させることが重要であろう。その上で、宗教を基盤にした通常の福祉とは違った宗教的福祉を目指すべきであろう。

障がい観の相違点として、イスラームでは、障がい者も平等に扱い、権利も一定程度認められている。またイスラームには、障がい者を自己が天国に行くための手段として捉えている表現も若干見られた。仏教には障がい者は身代わりになってくれている、との考えが存在した。

類似点は、いずれも弱者に寄り添っており、問題を抱えた人、困った人びとを救うということを重視しているので、両者とも世界宗教となったのであろう。多くの困難を抱える民衆に対して民族を超えて、幅広く布教され、世界中に広まった。

コロナ観や健康観の相違点として、仏教では、不幸の原因として生命や時代の濁りにまで論究し、不幸にも意味を見出していた。

さらに類似点として、多様な解釈が存在して、イスラームにおいて悪いことが良いことにもなるとの幸不幸の可変性も存在した。仏教もイスラームと同じく、かなり実践的であり、様々な教えを通じて対処をしていた。

多くの相違点もあるが、弱者を救済する視点を両者は有していた。今後、経典を時代に合わせ柔軟に解釈しながら、宗教を思想的基盤として福祉を行うことも重要となろう。

第十二章　イスラームと仏教の平和

はじめに

近年、宗教をめぐる紛争が世界的に見られる。イスラームと仏教も例外ではなく、ロヒンギャ問題のように、両者が深く関わった紛争も生じている。イスラームと仏教は歴史的に大きな関わりは持たず、比較研究されることはそれほど多くなかった。だがこのような現在の状況の中で、両者の比較、特に戦争と平和に関する比較考察は重要であろう。

本章では、イスラームと仏教における戦争と平和観の比較や、両者の相違点と類似点を概説する。まず、イスラームの戦争と平和について、クルアーンにおける戦争と平和観やジハード概念、棄教問題、最近の新しい柔軟な解釈を取り上げる。次に、仏教の戦争と平和観について、仏教の問題点や日蓮の戦争と平和観、さらに仏教平和学の特徴を考察する。最後に、イスラームと仏教の関係について、交流の歴史や両者の相違点と類似点を論じる。

一　イスラームの戦争と平和

（1）クルアーンにおける戦争と平和観

9・11事件以後、イスラーム地域でテロや戦争が多発しており、イスラームが戦争と暴力の宗教であると言われることが多い。また二十一世紀に入って、宗教が非寛容や暴力と関連づけて語られている（Huda 2010:xiv）。特にイスラームはその傾向が顕著で、イスラームの観点からの戦争や暴力の研究は多いが、平和構築や紛争解決の研究は少ない（Abu-Nimer 2003:181）。しかし、本来のイスラームは単なる戦争と暴力の宗教ではなく、平和と博愛の側面も持つのである。そうでなければ、二十億人近い人びとを魅了できず、近い将来世界で最大の宗教集団になど、なれるはずもない。

イスラームは孤児や貧者、寡婦などの弱者に対する温かいまなざしを持っており、相互扶助の思想も有している（Doğan 2006:254）。また寛容性や人類意識も説いており、人類はみなきょうだいであり、全てアダムの子孫であると捉えている（Sarıçam 2006:105）。さらに生命の尊厳も説かれており、「他人を殺す者は、人類すべてを殺すのと同じであり、他人を生かす者は人類すべてを生かすのと同じである」（クルアーン五章三二節）との言葉もある。

しかし、イスラームは絶対平和の宗教ではなく、最終的には暴力を容認しているのも事実である（Abu-Nimer 2010:36）。イスラーム共同体であるウンマが暴力的に破壊される場合、成年男子は戦わなくてはならない。また、多くのイスラーム帝国において、非イスラーム教徒に対して不平等のもとでの共存であった側面も忘れてはならない。ただユダヤ人差別や魔女狩り、異端審問などを行っていた当時のヨーロッパに比べれば比較的寛容で共存していたのである。

このようにイスラームの寛容性や平和観において、一定の譲歩が必要ではあるが、現在、明らかにイスラームに対して戦争や暴力の宗教との偏見が見られる。ほとんどのイスラーム教徒は、イスラーム教徒によるテロを認めておらず、対話派の人びとが大半である。

だが確かに、クルアーンにおいて暴力的な表現が散見される。例えば、「神聖月が過ぎたならば、多神教徒どもを見つけしだい、殺せ。これを捕らえよ。これを抑留せよ。いたるところの通り道で待ち伏せよ」（クルアーン九章五節）とある。この節は剣の節とも呼ばれ、非常に厳しい好戦的な表現である。ただこの節は、六二八年にムハンマドと敵対するマッカの人びととの間に、フダイビーヤの和議が結ばれ、その後にマッカの人びとによって和議が破られ、この時に剣の節が下されたとされる。よってこの文脈では「多神教徒」とはマッカの人びとのことである（大川二〇〇四：二七）。またこのクルアーン九章五節には以下のような句が続く。「しかし、もし彼らが悔い改めて、礼拝を守り、喜捨を行うならば、放免してやれ。神は寛容にして慈悲深いお方である」（クルアーン九章五節）。このように単なる好戦的な表現ではなく、かなり限定的であり、他の節にもこのような限定は見られる。「神の道のために、おまえたちに戦いを仕掛ける者と戦え。しかし、度を越して挑んではならない。神は度を越す者を愛したまわない」（クルアーン二章一九〇節）。これも限定的かつ防衛戦争を念頭に置いた表現である。剣の節は平和裡《り》に共存する人たちも殺せという殺人指令ではないのである。

イスラーム学者の塩尻和子によれば（塩尻二〇〇七：一八一、一八五）、そもそもクルアーンには戦闘的な命令は五、六か所のみであり、平和や寛容を勧める章句は百を超えている。クルアーンに描かれた様々な戦闘シーンや暴力的な表現などを、比喩的、象徴的に読むこともできよう。また経典を一字一句その通りに解釈することも重要だが、全体の文脈を考えて、柔軟に解釈することも必要である。

（2）ジハード概念の検証

一般的に、ジハードは聖戦と考えられている。またイスラーム教徒のテロリストも、ジハードという言葉を聖戦として使っているので、多くの人がそう考えるのもやむを得ないだろう。しかし、ジハードを聖戦とするのは、拡大解釈であり、不正確な使用である。

ジハードはアラビア語のｊｈｄを語根とし、本来努力するという意味である（Khadduri 1955:55, Kamali 2013:xii）。さらにジハード概念は大ジハードと小ジハードに分類される。大ジハードとは自己との戦いであり、小ジハードとは他者との戦いである。またジハードの手段としては、心、舌、知、手、剣がある（Amjad-Ali 2009:244-245）。

ジハードとは、物質的な手段のみならず、精神的な手段によって行使する宗教的宣教でもある（ハッドゥーリー二〇一三：一五）。大ジハードは弱い自分に打ち克つ克己心《こっきしん》であり、小ジハードも他者に対して、言葉や論理でイスラームを宣教し、最終的には戦闘の可能性も視野に入れている。

例えば、朝眠いが起きてお祈りをするのもジハードであり、友人にイスラームの素晴らしさを語って聞かせるのもジハードなのである。したがって聖戦は、小ジハードかつ剣を手段としたものであり、ジハード概念の一部にすぎないのである。

ジハードの用語は、クルアーンの四十一の節に存在するが、その中の十か所ほどのみが戦闘的な意味が与えられている（塩尻二〇〇七：二七二）。また、ジハードに関する言及はクルアーンのマディーナ期に多く見られ、戦闘の続いたこの時期、イスラームの拡大や異教徒たちに対する防衛行為としての戦闘的ジハードという意味で用いられた（大川二〇〇四：四三―四四）。

しかし欧米においてイスラームは、敵対的かつ暴力的イメージで語られており、ジハードを一般的に武装闘争として規定している研究者も多い（Yitik 2006:63, Balcı 2011:33）。イスラームへの間違った理解は、単なる無知や、悪意のある意図的な曲解によるものである（Akar 2006:234）。

また、ジハードではない単なる覇権戦争も存在し、ジハードには前述のように様々な形態が存在した。したがって全ての戦争がジハードではなく、また全てのジハードが戦争ではないのである（Dagli 2013:59）。

聖戦という意味のジハードにしても、基本的には防衛戦争と考えられてきた（Afsaruddin 2010:47）。ジハードがイスラームを信仰しない、ということだけで起こされる戦争であれば、「宗教には強制があってはならない」（クルアーン二章二五六節）と矛盾することになる。

したがって、昨今ジハードを宣言するテロリストは、本来のジハードを逸脱して行使している可能性がある。

また、戦争的なジハードには限定的な条件が設けられている。まず戦争を回避するためにあらゆる平和的努力をすること。侵略者から良心の自由・家・財産・母国を守るための防衛的戦いであること。個人的目的や復讐で行わないこと。市民が対象ではなく、武装した戦闘員に限定した行動であり、女性や子どもの殺害や傷害は禁じられていること。川や井戸などの環境の汚染や家屋の破壊は禁じられていること。キリスト教の教会やユダヤ教のシナゴーグは目標にしないこと。戦闘中でも講和のためのあらゆる努力を惜しまないことである（Kamali 2013: xvi-xvi）。

また、このような戦闘的ジハードを行使できる人は、精神的・身体的にも健康な成人男性のイスラーム教徒であり、借金がなく経済的に独立しており、戦争に行く前に両親の許可を得て、善なる目的を行使する者である（Khadduri 1955:84-86）。このように、ジハードを行使する主体に対してもかなり限定されている。

だがこのような条件が言われているということは、それを守らない場合もあったので、ルール化した側面もあろう。

(3) 棄教問題

イスラームから他の宗教への改宗を禁じる、いわゆる棄教問題は確かに存在し、イスラームの独善性が指摘されよう。宗教人口が増えて勢いがあり、敬虔な人びとも多いイスラームならではの問題でもあろう。

もちろん棄教を奨励する宗教組織など存在しないだろうが、やむを得ない措置として認める、もしくは様々な嫌がらせを与えることはあるだろう。イスラームにおいて、改宗は不可能であったり、殺されたりする場合もある。

シャイバーニーは、未成年や女性は除外だが棄教した成人男性は処刑の責めを問われることになる、と述べている(眞田二〇〇〇:二八五)。ただクルアーンには殺せとは表現されておらず、以下のようにある。「いったん信仰に入ったうえで背信の態度をとり、ますます不信の度が強くなるような者は、もはや悔い改めても何一つ受け入れられない。このような者は邪道に踏み迷う人である」(クルアーン三章九〇節)。したがって、本当に殺さなくてはならないか、議論の分かれるところだが、現実的にかなり厳しい結果が待っていることは確かであろう。

イスラーム学者の眞田芳憲によれば（眞田二〇〇〇：六二）、棄教は、改宗者個人に関わる私的問題ではなく、イスラーム共同体であるウンマに不和と混乱をもたらし、ウンマ自体を崩壊に導く反社会的行為であって、いわば大逆罪や内乱罪などに相当する犯罪行為ということになる。宗教が単に個人の内面の問題ではなく、社会性を有したものと考えられているからである。

イスラームは、伝統的な部族や国家の境界線を超えて、共通の理念に従う共同体を樹立することを目指している。先行するユダヤ教徒やキリスト教徒とは、同じ一神教の民であるとの意識とともに、次のような思考も有している。ユダヤ教徒の人びとは選民思想を、キリスト教徒の人びとは三位一体を採用し、唯一神信仰から逸脱していった。ムハンマドはこれらの誤りを是正し、イブラヒーム（アブラハム）に体現された絶対的一神教を、本来の姿に復活させようと努めた（眞田二〇〇〇：二八六、四九―五〇）。

このような強き自負心を多くのイスラーム教徒は持っており、また最近の国際情勢において、自分たちは抑圧・虐殺されているとの被害者意識もある。さらに様々な局面でイスラームが活性化し、凝集力が高まっている。このようなことがマイナスに働き、棄教問題が生じているのだろう。現在の倫理基準から、クルアーンや過去の議論を批判するのは、やや問題があろう。しかし、今後、新しい時代における世界の平和や共存を志向するためには、クルアーンの言説を時代に合わせて柔軟に解釈するなど、新たな平和的人道的解釈を行い、自宗教をも客観的に見つめながら、さらなる高みを目指す必要があろう。

(4) クルアーンの解釈

イスラームやクルアーン解釈には硬直した側面もあるが、比較的自由で多様な側面もある。クルアーンが時空を超えた唯一神の言葉と考える立場は伝統的なムスリムの視点である。それに対して、これまでも何人かの「リベラル」と呼ばれるムスリム学者たちが、クルアーンを歴史的文脈の中で捉えようとしてきた。

例えば一九九〇年代に、エジプトのカイロ大学の教員であったナスル・アブー・ザイドが、クルアーンは神の言葉であると同時に、人間ムハンマドの状況を反映したものだという理論を提示した。しかし、彼はクルアーンの神聖性を否定した背教者ということになり、オフンダに亡命することになってしまった。

ピュー・リサーチ・センターのそれぞれの国民の抽出調査によると、「クルアーンを字句通りに読むべきか」という質問にイエスと答えた人は、サブサハラのアフリカ諸国の平均値で八〇%、アメリカでは五〇%だった（大川二〇二一：四二―四四）。やはりイスラーム教徒が多い地域では、伝統的解釈のほうが強いようである。

イスラーム学者の大川玲子は、南アフリカ出身のムスリム学者であるファリド・イサクを引用しながら、ムスリムを三つのカテゴリーに分けている。第一は、「一般的ムスリム」であり、批判的に見ることはなく、ただクルアーンを愛読する大多数の者たちである。第二は、「信仰告白的ムスリム学者」であり、学問的ではあるがクルアーンを愛読する者たちであり、クルアーンを批判的には捉えていない。第三は、「批判的ムスリム学者」であり、批判的な愛読者である。クルアーンに魅了されているが、その性質や起源に疑問を持ち、検討する学者たちである。

さらに非ムスリム、つまり「他者」によるクルアーンの読み方も、三つのカテゴリーに大川は分けている。第一は、「参与観察者」であり、クルアーンを愛読するムスリムの友であり、先ほどの批判的ムスリム学者に近い。このような読者は、ムスリムの感性に配慮し、それを理解した上でクルアーンを読むのである。第二は、「修正主義者（無関心な観察者）」であり、ムスリムの感性への配慮はなく、ただ事実を冷徹に分析しようとしている。彼らはムスリムの歴史を本質的にはユダヤ・キリスト教的環境での産物として扱う修正主義的な研究者であり、ムスリムの立場とは対立する。第三は、「論争家」であり、修正主義者の議論には関心はないが、ムスリムの立場に否定的な結論のみを受け入れ、インターネットなどでクルアーンを非難し、自分の信仰の正当化を図る者たちである（大川二〇一八：五―七）。このように、ムスリムも非ムスリムも多様な人びとからなる。「批判的ムスリム学者」と「参与観察者」は近い立場にあり、今後の柔軟な解釈にとって両者は重要であろう。

（5）新しい流れ

現在、イスラームにおいて個人の自由や選択が重視され、西洋的価値との親和性も高く、多文化主義的な傾向も存在する。これは「リベラル」に近い価値観であり、アイデンティティの多元化に向かっている。このように、男性優位な伝統的なイスラームに固執することなく、信仰心を内面にとどめ、公的な場では西洋的な価値観と親和的な行動をとり、他の価値観とも共存を認めていくような潮流も生まれつつある（大川二〇二二：二四二―二四三）。

聖典も時代に合わせ、文脈を重視して読み取り、柔軟な解釈が求められるようになってきている。ガンディーもそのような解釈をしており、ヒンドゥーの聖典の内容を字句通りには受け取ってはいなかった。戦闘の描写は比喩としてメッセージを効果的に伝えるために描かれたのであり、肉体的戦闘は人間の心の内面の葛藤を意味し、それを乗り越えることが説かれている、と解釈した（大川二〇二一：四七）。

インドのムスリムは、近代以前からマイノリティとしてマジョリティのヒンドゥー教徒と向かい合い、さらに近代以降はイギリスの植民地下で西洋文明とキリスト教文化に向き合ってきた。インドのムスリムはマイノリティとしての苦闘の末に、柔軟な共存の思想を生み出した。

インドのムスリムの平和思想家ワヒードゥッディーン・ハンは、ヒンドゥー教徒とムスリムが一つのインドを作る世俗的な政治を目指した。彼の主張は、イスラームは平和、寛容、共存、多元主義を認める宗教というものである。彼は、通常身体的な戦いとして捉えられているクルアーンの句を、内面を重視する闘争のプロセスとして解釈し直している。彼のクルアーン解釈は、ムスリム・マイノリティであることとインド人であることが融合した独自性を持つ（大川二〇二一：一〇四—一一六）。

イギリスのムスリム文化評論家であるズィアウッディン・サルダールも、クルアーンを字句通りに解釈せず、比喩として読んでいる。他の句との相関関係を重視し、クルアーン全体から考察する解釈をした。字句通りの意味に理解することにとどまる者は、論理的思考つまり熟考を怠っているのであり、それはクルアーンに対する冒瀆《ぼうとく》でさえあると考えた（大川二〇二一：二〇四―二一七）。

このような新しい流れは、なにもイスラームのみならず、他の宗教にも関わってくるであろう。日本においては、状況はさらに複雑であり、宗教そのものへの無関心、不信感が特に知識人や教育者には存在する。宗教は弱い者がやるものであり、騙され、洗脳された怖い人びとの集まりである、と言われることが多い。しかし、このような言説はグローバル・スタンダードではない。

そのような流れを受けて、信仰者である研究者の側から反発も出ている。大切で繊細な宗教的真理を「客観的」に研究することは、しょせん「他人目線」の研究にすぎない、信仰者でない他人に何がわかるか、との批判がある（小田二〇二〇：七）。日本の現状を見ればこのような批判はある程度は納得がいくが、かなり感情的である。これでは相互理解は進まず、対立が深まるばかりである。宗教実践者の熱情への理解と、研究者の冷徹な客観性が両輪のごとく動くことが重要であろう。

二　仏教の戦争と平和

(1) 仏教の課題

現在、様々な問題が噴出しており、仏教ではそれを煩悩と捉え、人間の心の中の煩悩、社会全体の煩悩、地球や宇宙にまで広がる煩悩が存在すると考えられている。その意味において、仏教の目指す平和は、心の平和を基軸としながらも、社会の平和や生態系の平和の創出をも意味するのである（川田二〇〇七：一二─一三）。

仏教徒にとって、生き物を殺す殺生は最も重い犯罪と考えられてきた。仏教徒がしてはならない悪い行為として、殺生はいつもその第一に数えられた。また武器、生き物、肉、酒、毒の売買は避けたほうがよいとされている。これらは殺生と直接的・間接的に関係があるからであり、特に武器と毒は生命を脅《おびや》かすものと考えられている（岡部一九八七：五五─五六）。

このように、仏教には高い倫理性を有する平和観がある一方で、批判も存在する。

オックスフォード仏教学研究所のラーガヴァンは、現代仏教が世界への影響力を失ったのは、民族的・国家的アイデンティティを超えられなかったからであると主張する。仏教が、地球規模の問題に対処するには、仏教徒間で脱民族・脱国家的視野に立たなくてはならないとしている（ラーガヴァン二〇一四：一六六―一七四）。

平和研究者のヨハン・ガルトゥングは仏教の短所として、次の六つを挙げている（池田、ガルトゥング一九九五：一九八）。①仏教は、その寛容性ゆえに、例えば軍国主義という極めて暴力的な思想をも容認しがちである。②経済政策における構造的暴力も黙認しやすい。③僧伽（サンガ：僧による組織）は、しばしば社会から孤立して自閉的集団と化す。④報酬と見返りをもたらす権力に、時に簡単に迎合する。⑤容易に敗北を受け入れる「宿命論」に陥る傾向がある。⑥時として儀礼的になったり、華美になったり、けばけばしくなる。

確かにこのような傾向は仏教に存在するであろう。生活や民衆から離れ社会性を失い、権力に迎合しつつも自らを宗教権威とし、宿命論を前面に押し出し、問題を黙認する傾向がある。このような仏教の課題や批判はきちんと受け止め、新しい時代に適合した平和志向を持つ宗教を目指すべきであろう。

（２）日蓮の平和観

ここでは日蓮についてその平和観を取り上げる。これまで、イスラームと仏教はそれほど比較されたことはなかったが、世界三大宗教であるイスラームと仏教の比較は、今後の世界平和のためにも重要であろう。仏教の中でも日蓮を取り上げる理由は、日蓮仏法とイスラームの間に類似点がかなり見られるからである。第一は、あの世や極楽などの理想郷ではなく、現実や現世を重視する点である。第二は、宗教と政治や経済、社会、生活などを分断して考えない点である。第三は、日蓮仏法では仏像などを尊崇の対象にはしておらず、どちらも偶像崇拝に対してかなり厳しく見ている点である。

まず、日蓮における平和思想の特徴として、生命尊重の思想、万物調和の法への信仰、仏教的コスモポリタニズムという三つの観点が挙げられる（松岡二〇一四：六二―六八、松岡二〇〇八：八二―八八）。

第一の生命尊重の思想は、仏教の「不殺生戒」に立脚しており、さらに他者の悲しみや苦しみに対する日蓮自身の鋭敏な感受性によっても高められている。日蓮の書簡には、いたるところに「涙」「感涙」「なみだ」「なんだ」などの言葉がちりばめられており、生きる者への深い次元での共感が読み取れる。

第二の万物調和の法への信仰は、日蓮仏法の社会思想的性格を決定づけるものであり、宗教的正義と社会的正義とを連続的に捉え、そこから平和への行動を起こしていった。正しき仏法への信仰は万物を調和せしめ、地上に共生的平和の実現をもたらす。

第三の仏教的コスモポリタニズムは、後半期の日蓮に顕著な思想傾向であり、国主諫暁《かんぎょう》（国家の指導者をいさめ諭すこと）を通じて政治権力者を正そうとした日蓮は、国家を超越した宗教的世界観を確立していた。天皇も幕府権力者も無辜《むこ》の民も、あらゆる人びとが「釈尊の御子《みこ》」であるとする日蓮の言説は、彼が一国家を超えた仏教的コスモポリタニズムを有していたことを示すものである。

（3）日蓮の暴力と戦争観

日蓮は、暴力の平和化を目指し、信仰を通じて戦争のない世界を築こうとした。何百人もの門下を殺され、自身も命を狙われたため、個人的護身のために、門下に対しては武器の所持は許していた。このことは今日的意味での、絶対平和主義ではないが、基本は非暴力的な言論の戦いであった（松岡二〇〇八：一〇二、松岡二〇二〇a：四七―五二）。ただ日蓮自身は、武器を所持したり、使用したりしたことは一度もなかったようである（小林二〇〇七：一一四）。

仏教学者の松岡幹夫によれば（松岡二〇〇八：一一四―一一六）、日蓮は、蒙古襲来に際して、日本国に武力放棄の無抵抗主義を呼び掛けた形跡は見当たらない。だが自衛戦争の肯定論者であったとは言えず、文永の役が起きた後でさえ、厭戦的な言葉を残している。戦意を高揚しようとはしておらず、むしろ自衛戦争も否定していたと考えられる。

日蓮の立正安国は、戦争が存在しないという消極的平和の状態にとどまらず、万人が幸福な生活を享受できる安穏な社会を目指していた。安国は天皇や既存の政治体制の安泰という意味を超えて、全ての民衆の平和な生活というイメージを持っていた（松岡二〇一四：六〇、佐藤弘夫二〇一四：一八九）。

しかし、日蓮の書いたものに暴力的な表現が見られることも指摘しておかねばならない。一二七一年、日蓮が五十歳の時、律宗の僧・良観らが後押しして、念仏僧の行敏《ぎょうびん》が日蓮を幕府に訴えた。評定所に出頭した日蓮は、侍所《さむらいどころ》の所司（次官）である平頼綱《たいらのよりつな》に向かって、「一切の念仏者・禅僧等が寺塔をばやきはらいて、彼等が頸《くび》をゆひのはまにて切らずば日本国必ずほろぶべし」（堀一九五二：二八七）と諫言した（花野二〇一四：三八）。

日蓮研究者の小林正博によれば（小林正博二〇二二：一〇〇―一〇五）、この表現の始まりは『行敏訴状御会通』（堀一九五二：一八二）であり、そもそも、「寺を焼け、首を切れ」の発言の原型は良観側から出ている。確かに、日蓮は単純な非武装・無抵抗主義者ではなく、太刀と鎧を備えていた。しかしそれらは攻撃用ではなく、護身用であり、さらに武士階級の信徒は法難の時に戦ったことはあるが、日蓮と弟子は帯刀《たいとう》を振るって戦ったことはない。このように日蓮の闘争とは、あくまでも言論闘争が中心だったのである。

（4）日蓮の時代と仏性の拡大

日蓮の時代は、様々な面で時代の画期であった。十三世紀半ばから世界的に寒冷期に入り、農業生産が落ち込み、飢饉や感染症も広がった（岡田二〇一五：三八三―三八六）。現在も日蓮の時代と同じような状況であるが、戦乱、自然災害、大規模地震、感染症などが当時も頻発した。その当時は上下万民が大きな不安の中に置かれており、改元が歴史上最も頻繁に行われた。元号の平均年数は奈良時代七・〇年、平安時代四・五年、室町時代七・三年、江戸時代七・四年、近現代四十・三年に比べて、鎌倉時代は二・九年であった（小林正博二〇〇六：三〇三）。

また、日蓮自身もこのような災害の被災者であり（福島二〇一五：二七六─二七八）、遠い地にいて報告を受けるような傍観者ではなく、民衆とともに一緒に苦しみを分かち合っていた。また大災害こそ正法興隆の瑞相《ずいそう》であると考えていた（岡田二〇一五：三九二）。さらに、悪行のために、災難に遭うのではなく、苦しむ人びとを救うために、あえて願って災難の地に生まれ、根源的には悪行もしていないのに、被災の業を受けた。これはまさに願兼於業であろう（松岡二〇二〇b：二三〇）。

一神教、特にキリスト教では、神がその似姿として人間を創造したところに、人間の尊厳を置き、人権思想の基盤としている。それに対して仏教では、人権思想の基盤に、人間生命内在の仏性を置いている（川田二〇〇六：六九）。このような仏性の内在性は、さらに拡大される。動植物にも仏性ありと説く大乗仏教は、人間も動物も等しい宗教的尊厳性を持つとされる。さらに山河大地等の自然界を意味する国土世間にも、十界の心が備わっているとしている（松岡二〇二〇b：二〇、二〇八）。

仏教のエコパラダイムにおいては、環境主体たる生命体は動物のレベルまでであったが、中国や日本に至って、草木・国土まで広がった（岡田一九九八：二八五）。これはまさに、全ての森羅万象に仏性があるという山川草木悉皆成仏であろう。このように、生命である有情と無機物や国土などを含む非情までも視野に入れることは重要であろう。

（5）仏教平和学の特徴

このような仏教の様々な平和観から、仏教平和学の構築が待たれている。仏教平和学という用語は、管見の限り、あまり聞いたことがなく、未知の分野である。私たちは、今までの仏教の伝統や業績を生かしながら、さらに時代を先取りするような新しい仏教平和学を構築する必要があろう。

仏教平和学の特徴の第一は、生命の尊厳である。仏教徒にとって不殺生戒は一番重要なものであり、生き物をむやみに殺すことは最も重い罪である。近年、政治学でも非殺人（Nonkilling）が注目されており、仏教の不殺生戒とも通底する。あらゆる生命に仏性が内在し、何ものにも代えがたいものであるから、生命は尊いのである。

第二は、単に生命のみを尊極なものとは考えず、森羅万象あらゆるものを大切に思い、扱うことである。仏教では全てのものに仏性があるとして、人間ばかりでなく、動植物、さらに国土や惑星自身も全て成仏すると説く。また、環境と主体が密接な関係を持つ依正不二の考えも重要である。これらは、万物との調和を目指すものであり、非人間中心主義で環境的平和志向性も有している。このことは最近議論されているワンヘルスやノン・ヒューマンの考え方とも親和性がある。生命の尊厳に至上の価値を置きながら、その生命とは人間を含む生物の生命だけでなく、無生物や無機物を含む宇宙全体が尊厳性を有する生命的存在であるとの考え方は重要であろう（池田一九九一：六四三―六四四）。

第三は、内在性の重視である。超越者を認めず、究極のものは自身の内部に存在し、ありのままの自分の中に、無限の可能性があると説く。外在的な教祖や権力者に服従するのではなく、また、外在的なイデオロギーにより人間が犠牲となることを戒める。物神崇拝（フェティシズム）の排除もこれに大きく関係している。現在問題となっている外在的な存在で人間をしばっている貨幣、権力、偏狭な自己中心性を超克する視点は大切である。

第四は、長い視点や広い視野をもたらす宇宙観である。仏教では、宇宙生命そのものを法（ダルマ）としている。民族や国家を超えて、現在世界ではびこっている偏狭な内向き志向への対抗となろう。宇宙誕生の百三十八億年の歴史から見るビッグヒストリーによれば、宇宙の全ての存在は、宇宙のチリやガスから作られた同胞なのである。

第五は、非暴力平和志向である。個人の幸福のみではなく、戦争のない社会、さらに社会の安寧や万人の幸福まで視野に入れた積極的平和を志向する。日蓮も蒙古襲来の際、自衛戦争を肯定しておらず、彼自身刀を持っていたが、攻撃用ではなく護身用であった。

第六は、現実的社会性である。理想をどこか遠いところに求めるのではなく、現実の社会に根差し、生活を重視する。人間の住む所はそのまま仏国土であり、現世肯定的な在家主義を掲げる。このように今ここで、生活者として生き抜くことを仏教では教えている。

第七は、反権力民衆性である。民衆が主体性を持つ万人成仏観がある。日蓮の庶民としての出自や国主諫暁は、これらの思想に基づくものである。また苦しむ民衆を救うため、あえて願って困難で災難が多い場所に生まれる願兼於業の視点も有している。

第八は関係主義である。主体はそれ自体で存立するのではなく、他との関係の中で成り立つのである。固定的、実体的、非歴史的に物事を考えてはならない。縁起などの関係主義は現在様々な学問で取り入れられており、他との共存を目指す上でも関係主義は重要である。

第九は中道主義である。中道とは二者の中間ではなく、有と無、生と滅、苦と楽、常と断などの両極端に執着しない考え方である。急進主義や停滞主義をとるのではなく、漸進主義を目指すこととも関係する。

このような仏教の平和志向性は、民衆の幸福と世界の平和、すなわち幸福平和に大きく寄与するであろう。

三　イスラームと仏教の関係

（1）イスラームと仏教の交流

イスラームと仏教の最初の接点は、七世紀中ごろの中央アジアであった。ウマイヤ朝時代にイスラームがこの地域まで広がり、イスラーム教徒は仏教の存在を知ることとなった。両者の二度目の遭遇は、十二世紀から十六世紀にかけて南アジアで起きた。インドにおけるイスラームの支配者は仏教と共存していた。また同じ頃、第三の出会いが、東南アジアであった（セリーム二〇一〇：二二三―二二四）。七世紀から千年以上にわたって、イスラームと仏教は共存していた。確かに両者の接触や関係はそれほど強くなかったが、イスラーム帝国において、キリスト教の教会やユダヤ教のシナゴーグと同じく、仏教寺院もある程度守られていたのである（Musa 2015:2）。

（2）イスラームと仏教の最も大きな相違点と課題

イスラームと仏教の最も大きな相違点は、イスラームは厳格な一神教であり、創造主としての神が存在するが、仏教にはそれがないことである（Kazemi 2010:xiii）。宗教学者の保坂俊司によれば（保坂二〇〇八：一〇―一二）、ブッダは、世界の生成に、創造主や創造神というような神や超越者を認めず、全てを神に還元して説明することはなかった。仏教は内面を重視し、不幸や災難の原因は自分自身にあると捉える。それに対して、イスラームのみならず一神教では、全ては神のはからいとして考える（保坂二〇一六：五―六、嶋田二〇〇三：一〇一）。

仏教では、自らの未来は自らの努力で切り開く、という人間主体の世界観がある（保坂二〇〇八：二九）。また仏教では自らのうちに仏性があり、さらに草木や国土など非情にも仏性があると説く。ジハードは単純に聖戦といった意味ではなかったが、しかし暴力を最終的には認めている。イスラームから棄教をする場合、非常に厳しい対応がなされ、この点は仏教とは異なるであろう。

イスラームの創唱者であるムハンマドは、出家や隠遁《いんとん》もせず、結婚をして子どもを育てるなど、生活者、商人、政治家、司令官、裁判官などの多彩な側面を持っていた。彼は預言者ではあるが、通常の家庭生活を送る普通の人間であり、神格化されることはなかった。またイスラームには、欲望への罪悪感はそれほど存在せず、食欲や性欲を忌み嫌わず、ごく普通の生活において神の救済を望んだ。欲望のような動物的側面も隠すことはせず、人間のありのままの姿を前提としていた（保坂二〇〇八：八二―八三）。イスラームは、偶像崇拝を徹底的に廃しており、これは多くの仏教とはかなり異なる点である。したがって、イスラームは、仏教徒を偶像崇拝者として低く見ることがある。

（3）イスラームと仏教の類似点と展望

イスラームも仏教も、絶対平和主義とは言えないが、侵略を戒め平和を求める姿勢を持っている。多くの世界宗教と同じく、生命尊厳の考え方があり、また現実を重視し、生活の安定や社会の安寧を希求している。

イスラームとは、絶対的帰依という意味であり、仏教の南無や帰命とも通じる点がある（狐野二〇〇四：ii、Obuse 2015:422）。さらに類似点として、ムハンマドとブッダは存在論的に同じレベルにあり、慈悲という点では違いは少なく、神性と仏性は比較可能であるとされている（Scott

1995:150, Kazemi 2010:2, Obuse 2015:413)。

ヨルダンのムハンマド王子は、類似点として、人類に対する恵みと導きの源である絶対的一者（Absolutely One）にして、絶対的実在（Absolute Reality）でもある究極の真理に対する信仰を挙げている（Muhammad 2010:xiii）。哲学者の山崎達也によれば、イスラームと仏教との哲学的連関を考察する上でキー概念となるのは、究極的実在（Ultimate Reality）である。それは「絶対的一」とも呼ばれるが、神が「神」として顕然する以前のものを意味している（山崎二〇一五：一五五）。イスラーム学者のカゼミも、仏教による究極的実在とは一神教徒が神と呼んでいるものに他ならないとしている（Kazemi 2010:5）。

社会科学者のマジッド・テヘラニアンによれば、イスラームのスーフィズム（神秘主義）は、仏教の影響を受けた思想運動でもあった（テヘラニアン・池田二〇〇〇：一四四）。スーフィズムの中には、人間が神を内在すると説く者もあり、仏教とかなり親近性がある（保坂二〇〇八：二四七）。

仏教者の池田大作も、全知全能にして天地万物の創造者という考え方は、宇宙の根源の法則である仏法を志向しているようにも思えるとしている（池田二〇〇四：六〇）。さらに、日蓮仏法とイスラームの親近性について、偶像崇拝を認めていない点、宗教と生活などを分断して考えず、信心即生活として捉える点を挙げている（池田二〇〇四：五三、五九）。テヘラニアンも、現世よりも死後の天国を重視する宗教もあるが、イスラームと日蓮仏法は、現実のこの世界に重きを置くと述べている（テヘラニアン・池田二〇〇〇：八六）。

イスラームと仏教の間には、キリスト教とイスラームとの十字軍のような軍事的対立が少なかったので、良好な関係が築きやすいだろう。また欧米により、アジア人やムスリムの文化や価値観が侵食された歴史的経験がイスラームと仏教には同じようにあるので、互いに協力しやすいかもしれない（セリーム二〇一〇：一二八—一二九）。さらにイスラームは一神教としてユダヤ教やキリスト教とも通底している。したがって、イスラームは、仏教・道教・儒教・ヒンドゥー教などのアジアの宗教と、ユダヤ教・キリスト教などの一神教との橋渡しの役割も果たせる可能性がある（Kazemi 2010:128-129）。

おわりに

イスラームは単なる戦争の宗教ではなく、比較的寛容な宗教であり、ジハード概念も単純な暴力ではなかった。イスラームは個人の内面としての宗教ではないがゆえに、棄教問題を内包していた。しかし、クルアーン等に柔軟な解釈をする潮流が存在し、聖典を全体として文脈の中で読み、他宗教との共存を図る試みもあった。

仏教において、業思想による自由の呪縛や脱世間による社会からの孤立などの問題が存在した。だが日蓮は社会の安寧や平和まで視野に入れ、国家を超えたコスモポリタン性を有し、暴力からは一定の距離をとっていた。

創造神や超越者を想定しない仏教は、人間主体の世界観があり、イスラームとは異なる。しかし両者には究極的実在という観点から通底する側面もある。特に日蓮仏法とイスラームにおいて、偶像崇拝を認めず、宗教と他のものを分断して考えず、現実社会を重要視する点などは、親近性があった。イスラームと仏教は、歴史的に深い関係を持っていなかったが、今後、世界平和のための比較研究は重要であろう。

第十三章　イスラエル・パレスチナ紛争の歴史と現在

はじめに

二〇二三年十月七日にパレスチナのガザ地区を実効支配するハマス（イスラーム抵抗運動の頭文字、アラビア語で熱狂という意味）が、ここ数十年なかったイスラエルへの大規模な攻撃をした。これ自体は明らかな国際法違反であり、非難されなければならない。それに対して、イスラエルは自衛の範囲を超える攻撃をしており、特にパレスチナの側に甚大な被害が出ている。こちらも国際法違反であるのは明白である。

本章では、今回の攻撃やイスラエル・パレスチナ紛争の要因を考察するために、歴史をさかのぼり、分析を加えていく。

まず、ユダヤ教の成立を見ていき、ユダヤ教徒が特にヨーロッパにおいて迫害された要因を説明する。次に、現在の中東における紛争やイスラエル・パレスチナ紛争の原因ともなった第一次大戦時のイギリス等による三枚舌外交を考察する。

イスラエルが一九四八年に建国されたが、その歴史はパレスチナ人から見れば、ナクバ（大破局）であり、難民の歴史の始まりでもあった。その後、四次にわたる中東戦争やイスラエル・パレスチナ紛争が起きた。その過程で、パレスチナは分裂し、ヨルダン川西岸はパレスチナ自治政府のファタハ（パレスチナ解放運動の頭文字、アラビア語で勝利という意味、またＰＬＯ〈パレスチナ解放機構、一九六四年設立〉の最大組織）が、ガザはハマスが管轄するようになり、現在に至るまで和平への進展がない。

アメリカとイスラエルは密接な軍事・経済関係を持っているが、最近はアメリカのユダヤ人においてもイスラエルとの距離をとるような意見が多くなっている。また、イスラエルのユダヤ人も多様化しており、シオニズムに必ずしも賛同しない人びとも現れており、イスラエル社会に多くの分断が見られる。イスラエルとパレスチナ、特にガザとでは、紛争で亡くなった人数、経済力等において大きな格差や非対称性が存在する。

最後に、最近の情勢を見ていく。絶望・貧困・怒りが、過激主義を生み出しており、一刻も早い停戦が望まれる。

一　ユダヤ教の成立

旧約聖書では、地中海とヨルダン川にはさまれた土地は「乳と蜜の流れる場所」とされており、カナンともイスラエルともパレスチナとも呼ばれるこの地は、非常に豊かな地域であった（竹沢二〇二三：二四二）。

古代イスラエルの宗教は多神教であったが、前五八六年のユダ王国の崩壊とバビロン捕囚《ほしゅう》などを経験することにより、神への供犠《くぎ》を行う神殿が失われた。それにより、割礼《かつれい》や安息日、異教徒との結婚の禁止、食物規定といったユダヤ教徒としてのアイデンティティを強めるようになった。社会的、宗教的に周辺的な存在であったユダヤ教徒は、自分たちの言葉に権威を与えるために神から直接言葉を預かったとした。それと同時に、神であるヤハウェの唯一性や絶対性を強調し、一神教を確立したのである（竹沢二〇二三：二四七―二五二）。

ユダヤ教とは啓示宗教の一つであり、唯一の神ヤハウェとの契約に基づき、主としてモーセらを通して授けられた律法を守りながら、メシア（救世主）の来臨を信ずる宗教である。バビロンの捕囚以後は神殿を中心に発展したが、ローマによる神殿破壊の後、律法中心のユダヤ教が誕生し、今日に至るまでユダヤ教徒を支える信仰伝統となっている（臼杵二〇一三：五八）。

伝承や歴史的事実が入り混じっているが、古代のユダヤ教は三つの時代に分けて考察することができる（市川二〇〇四：一〇－一四）。第一期（前一二〇〇年頃～前五八六年）はモーセによる出エジプト後のカナン土地取得からエルサレム第一神殿崩壊までの時代である。第二期（前五八六年～後七〇年）はバビロン捕囚からエルサレム第二神殿の崩壊までのおよそ五百年の時代である。第三期（後七〇年～後五〇〇年頃）は第二神殿崩壊後にディアスポラ（離散）が本格化する時期である。

ユダヤ教は二度のエルサレム神殿の破壊を経験し、神殿の宗教から律法の宗教への転換が起こった。神殿、政治権力、父祖の土地を失った代わりに、律法を中心とする宗教として再生した。ユダヤ教徒は、後七〇年の第二神殿崩壊後に離散が本格化する中で、共同体を維持していく方向性を確立し、様々な迫害を受けながらも離散社会を生き延び、現在に至っている（市川二〇〇三：一一七－一一八）。また、安息日、割礼、食物規定を中心とした律法の体系は、様々な異人に支配されながら、どこにおいても、ユダヤ教徒であり続けるための基盤となった（山我二〇〇三：一八一）。

歴史の中で、ユダヤ教徒は迫害を受けたが、その要因として次のようなことが考えられる。当該地域とは異質の生活様式を持ち、各地のユダヤ共同体と連携し、自分たちの信仰に絶対的価値を置き、さらに選ばれた民としての意識を持つユダヤ教徒は、支配者による迫害の対象として好都合であった。

また多くの国で、公職につけず、土地を所有することができないユダヤ教徒は、「所有」よりは金融や商業などの「交換」に価値を置き、さらに学問や芸術に活路を見出した。このような勤勉さも異質性をさらに強調することになり、迫害の要因ともなった。政治に関わることもなく、王権や国家に忠誠心を抱かないことは、支配者に都合のいい迫害の口実を与えた（沼野編一九九九：六七、九八）。

現在においても、世界中でユダヤ・ネットワークは機能しており、金融・商業・メディア・映画などにおいて大きな影響力を持っている。土地を所有することができなかったユダヤ教徒は、学問や芸術、商業や金融などに勝機を見出し、国家を超えるネットワークを構築したことは、今後の脱国民国家という観点において示唆を与えるであろう。イスラエル建国までは、ユダヤ教徒は領土を持たず、各地でマイノリティであり、宗教によってネットワークを築いてきた。このことも、今後の脱領域的ネットワーク志向として重要な点であろう。

二　三枚舌外交による中東の分断

イスラエル・パレスチナ紛争とは、本来、宗教対立ではなく、土地をめぐる政治的対立である。もともと中東にはユダヤ問題はそれほど存在せず、ユダヤ問題とはヨーロッパにおけるユダヤ教徒への差別であり、いわばユダヤ問題とはヨーロッパ問題なのである。一四九二年にレコンキスタが完成し、イベリア半島からイスラーム教徒を追い出すと、ユダヤ教徒も同時に逃げ出した。ヨーロッパにいると差別を受けるので、オスマン帝国等にユダヤ教徒は逃げたのである(Karpat 2010:133)。

十九世紀に入ってオスマン帝国は、列強による蚕食《さんしょく》、列強の橋頭堡《きょうとうほ》としてのキリスト教徒の台頭、民族意識拡大による帝国分裂で悩まされ続けてきた。さらに第一次大戦におけるイギリス等によるいわゆる三枚舌外交により、ヨーロッパに存在していたユダヤ問題が中東に移植された。イギリスは中東における委任統治という新たな植民地主義により、歴史上最大の「帝国」を二十世紀初頭に作り出した。

この三枚舌外交（鴨下二〇〇二：三八七、七九一、八四五）とは、フサイン・マクマホン書簡、サイクス・ピコ協定、バルフォア宣言の三つを指す。

まず一九一五年七月から一九一六年三月のフサイン・マクマホン書簡である。マッカのシャリーフ（太守）であるフサインとイギリスのエジプト高等弁務官であるマクマホンが交わした書簡である。第一次大戦中、戦後のアラブ王国建設を計画したフサインと、敵国ドイツの同盟国であるオスマン帝国に対するアラブ人の離反を望んだイギリスの利害が一致したことから、二人は各五通の書簡を交わした。一九一五年十月のマクマホン書簡では、オスマン帝国に対してアラブが反乱する見返りに、パレスチナを含むアラブ地域の戦後の独立を認めた。

次に一九一六年五月のサイクス・ピコ協定である。イギリス代表サイクスとフランス代表ピコが原案を作成した後、ロシアを交えて協定が結ばれた。それによると、フランスは現在のレバノンとシリア、イギリスはパレスチナ南部とヨルダンを勢力圏とし、エルサレムを含むパレスチナ中部は三国による国際共同管理とした。しかし一九一七年十一月、ロシア革命後のボリシェヴィキ政権がその内容を暴露すると、ユダヤ人とアラブ人双方から反発を買うことになった。このサイクス・ピコ協定が三枚舌外交の中で最も重要な取り決めとなり、それにより中東地域が分断され、現在の紛争の要因になるのである（Şahin 2011：351）。

最後に一九一七年十一月二日のバルフォア宣言である。イギリス外相バルフォアがパレスチナにユダヤ人の「民族的郷土（national home）」を作ることに同意した宣言である。国家といった表現でなかったことも重要であろう。この宣言はユダヤ人の財閥であるロスチャイルド宛の書簡の形で、パレスチナの非ユダヤ人共同体の市民的・宗教的権利が侵害されないという条件のもとに出された。しかし、パレスチナ人は様々な権利が侵害されているのが現実である。このように、イギリス人はユダヤ人の有力者から第一次大戦の戦費を調達することを条件に、民族的郷土を約束したのである。

この三枚舌外交は相互に矛盾するものであり、その後の中東地域に混乱と戦争をもたらした。基本は、サイクス・ピコ協定であり、中東地域が列強により分断され、中東諸国体制が作られた。バルフォア宣言は、第二次大戦後ではあるが、イスラエルが建国されたので、ほぼ成就できたと言えよう。この三つの中で、フサイン・マクマホン書簡が最も反故《ほご》にされたと言えよう（Rogan 2015:281）。列強による恣意的な国境線が引かれたため、共通要素が少なく、まとまりに欠ける国家となってしまった。そのため、上からたがをはめ、分裂を防ぐような強権的な政治家が中東において台頭することにもなった。

三　イスラエルの建国

パレスチナにはもともとユダヤ人は少なく、一九一九年の統計によれば、パレスチナの非ユダヤ人は七十万人であり、パレスチナ外にいるユダヤ人は一千五百万人、それに比べてパレスチナにいるユダヤ人は十万人にも満たなかった。その後の大量のユダヤ人移民を前提として「民族的郷土」を創出させ、それが第一次大戦後には大きな潮流となっていった（向井二〇一四：一四八―一四九）。

第二次大戦後、イギリスはパレスチナ問題の解決を、できたばかりの国連に押しつけた。一九四七年十一月の国連総会でパレスチナ分割決議を賛成多数で採択した。この決議の内容はパレスチナをユダヤ国家とアラブ国家に二分割し、エルサレムを国際管理下に置くというものであった。ナチスのホロコーストを背景に、ユダヤ人に対する世界的な同情の念とアメリカの強力な工作とがあいまって、国連総会通過が可能になった。シオニストは、喜んでこの決議を受諾し、アラブ諸国とパレスチナ人は不当としてこれを拒否した。

労働党の前身であるマパイを作ったベングリオンによって、一九四八年五月十五日テルアビブでイスラエル独立宣言が行われた。

イスラエル国家が誕生するプロセスは、パレスチナ難民が生まれるプロセスでもあった。イスラエル軍はパレスチナ人一万五千人以上を殺害し、五百三十一の村を地図の上から抹殺《まっさつ》し、多くの難民を生んだ。戦闘では住民をあえて逃すように誘導して、国外に放り出し、二度と自宅に戻れなくさせた（酒井二〇二三：二八）。

独立宣言の少し前、一九四八年四月九日から十一日にかけて、デイル・ヤースィーン村虐殺事件が起こり、百二十人もの死者が出た。パレスチナ人のこの村は、エルサレムの出入り口に位置し、戦略的に重要な争奪の土地だった。その虐殺は、強硬派のリクードを作ったベギン率いる軍事組織イルグンが行ったものである。シオニストに対する恐怖心をパレスチナ人に植えつけて、その難民化を促進することになった。ベギンは後にイスラエルの首相になるのであるが、いわばテロリストが一国の指導者になったとも言えるのである（臼杵二〇〇九：七九、八四）。

その後、一九四八年にはイスラエル建国をめぐり第一次中東戦争が起こった。一九四九年にイスラエル圧勝のうちに終わり、七十万人から百万人のパレスチナ難民が生まれ、難民生活を七十年以上にわたって強いられている。

イスラエル政府はユダヤ人口の増大とパレスチナ人からの「合法的な」土地奪取のために様々な「法的整備」を行った。一九四八年十月には、未耕作地開拓のための緊急条項が施行された。パレスチナ人の土地を閉鎖地域として、パレスチナ人を追い出し、未耕作地とした上で、それをユダヤ人に渡すのである。このようなことを繰り返して、次第にユダヤ人入植地が増大することになった。

四　中東戦争からイスラエル・パレスチナ紛争へ

一九四八年のイスラエル建国と第一次中東戦争の後、一九五六年にエジプトのスエズ運河国有化に伴う第二次中東戦争が起こり、世界の覇権が英仏から米ソへと移行し、その後の中東情勢が東西冷戦の文脈に組み込まれることになった（内藤二〇〇一：六三）。

一九六七年の第三次中東戦争におけるアラブ側の惨敗は、パレスチナ人に自らの力でパレスチナを解放する決意を促した。この戦争に大勝利したイスラエルは、一挙に支配地域を五倍にし、多数のパレスチナ難民をさらに生んだ。この戦争終結後の安保理決議二四二号は、「領土と和平の交換」の原則に基づき、イスラエルが戦争で占領したゴラン高原、ヨルダン川西岸、ガザ地区、シナイ半島などの領土から撤退して返還すれば、アラブ国家もイスラエルという国家の生存権を承認するというものであった。

その後の「中東和平」と呼ばれるようになるイスラエルとアラブ諸国との間の和平交渉もこの戦争前の原状への復帰を目標としており、第三次中東戦争前の状態が、現在に至るまでの和平交渉の出発点となっている。またこの戦争を契機に、「イスラエル・アラブ紛争（中東戦争）」は「イスラエル・パレスチナ紛争」に変質した（臼杵二〇一三：二七八―二八三）。

このように、第三次中東戦争は四つの点で大きな転換期となった。第一に、イスラエルが多くの地域を占領し、特にヨルダン川西岸を占領したことで、ユダヤ教の聖地である嘆きの壁を自国で管理できるようになった。第二に、中東和平において、この戦争の前の状態に戻すということが基準になった。第三に、この戦争後、イスラエルは入植政策を開始して、パレスチナ人の居住空間を圧迫するようになった。第四に、アラブ諸国の存在感が低下し、代わってPLOおよびファタハの影響力が強くなった（今井編二〇二二a：三二一―三二二）。

一九六九年にヤーセル・アラファトがPLOの議長に就任した。一九七三年の第四次中東戦争は、石油輸入先進国がイスラエル寄りの態度の場合、石油輸出を禁止ないし制限するという方針が功を奏し、パレスチナ問題への認識が世界的に大きく変わった。日本も石油輸入の観点で、アラブやパレスチナに理解を示すようになった（平井二〇二二：七七―八二）。

イスラエルの占領地でパレスチナの抵抗運動として、一九八七年にガザ地区で第一次インティファーダが始まった。「石の革命」と呼ばれ、イスラエルの巨大な軍事力に対して、投石という抵抗を始めた（臼杵二〇一三：二九五）。

一九九一年にマドリードで中東和平会議が行われ、社会主義シオニズムを掲げる左派である労働党のラビン首相とアラファトとの間で一九九三年にオスロ合意がなった。その内容はイスラエル・PLOの相互承認と、イスラエルが占領しているヨルダン川西岸とガザを返還していくというものであった。

オスロ合意の最大の問題点は、和平条約締結にもかかわらず、ヨルダン川西岸でのユダヤ人の入植地の建設が止まらなかったことである。また、他の問題点として、永久的地位交渉といった難問の解決を先送りしたこと。パレスチナ自治区の拡大はイスラエル側にゆだねられていたので、パレスチナ自治区の領域が拡大しなかったこと。イスラエル国家という強者と、非国家主体であるPLOという弱者の間での非対称的交渉であるので、弱者にしわ寄せがきたことである（臼杵二〇〇九：一八一―一八二、臼杵二〇一三：三二四）。

このオスロ合意には、イスラエル、PLOともに妥協を許さない反対勢力があり、一九九四年二月にヘブロンのモスクで、ユダヤ人医師ゴールドシュタインが銃を乱射し、死者二十九名、負傷者百二十五名余りを出した。またハマスは、パレスチナはアッラーによって寄進された土地であり、その土地は少しでも異教徒に売り渡してはならないと主張した（臼杵二〇一三：三二五―三二七）。その後、一九九五年十一月に強硬派のユダヤ人によるラビン首相暗殺などがあり、和平プロセスは先に進まなくなった。

このように、相手との対話とともに重要なのが、自陣営の強硬派の説得や抑え込みである。強硬派の介入による交渉決裂や、敵と和平を結ぶ自陣営の「弱腰派」に対する強硬派による暗殺は、歴史上よく見られる。相手の存在を認めない両陣営の強硬派は、イスラエル・パレスチナ二国家共存を妨害するという共通の目標を持つ「同志」でもある（Dyer 2022=2023:280）。

リクード党首のシャロンは、和平プロセスの破綻をもくろみ、挑発行動を起こした。二〇〇〇年九月に千人あまりの武装警察官を引き連れて、エルサレムのイスラームの聖域ハラム・アッシャリフ（ユダヤ人は「神殿の丘」と呼ぶ）に乗り込んだ。このシャロンの行動に対しパレスチナ人は再び抵抗闘争、第二次インティファーダを始めた。しかし、イスラエルの圧倒的な軍事力とヨルダン川西岸再占領、および境界線よりもパレスチナ側に食い込んだ高さ八メートルの分離壁の建設が、二〇〇二年にヨルダン川西岸から始まった。これにより、小石に代わり「自爆攻撃」という手段にまで訴えた第二次インティファーダは、事実上抑え込まれてしまった。

二〇〇一年の9・11事件後、アメリカの「テロとの戦い」を模範にして、シャロン首相もパレスチナに対して、「対テロ戦争」を行った。

二〇〇六年一月に実施されたパレスチナ議会選挙で、ハマスが七十四議席、ファタハが四十五議席を獲得し、ハマスが勝利した。勝因はファタハの行政能力不足と汚職、わいろ等、政治腐敗に対する住民の批判票によるものであった。またハマスは、軍事・政治部門の他に、社会慈善活動部門を持ち、医療・教育・福祉などの民衆向けの慈善活動の草の根ネットワークを有しているので、貧しいイスラーム教徒から支持を集めていた（臼杵二〇一三：三二七、三四五）。その後、パレスチナ指導部は分裂し、ヨルダン川西岸はファタハ、ガザはハマスが管轄するようになり、現在に至るまで和平への進展がないのが現状である（平井二〇一二：八二―九六）。

五　アメリカとイスラエル

現在においても、イスラエル・パレスチナ紛争の解決が停滞している理由として、アメリカにおける強大なイスラエル・ロビーの存在がある。この存在は上下両院議員やメディアを通じて大きな影響力を持っている。アメリカの外交政策において、イスラエルへの偏重という紛争解決の仲介役としては中立性・公正性を欠く事態になっている（臼杵二〇一三：三七六―三七七）。

さらにアメリカのキリスト教右派の存在も大きな影響を与えている。ユダヤ教徒が約束の地に集まり、キリストの再臨が起こるということを信じており、イスラエルがヨルダン川西岸・ガザを占領することは、旧約聖書の預言の実現であるとしている（臼杵二〇〇九：二二〇）。このように、世界中のユダヤ教徒を「聖地」に集合させることによってキリストの再臨を急がせようとするプロテスタント内の福音主義派、いわばキリスト教シオニストがアメリカ国内だけでも約五千万人いると推定されている。一千四百万人程度と言われる世界中のユダヤ人口をはるかに上回るこれらのキリスト教シオニストたちが、イスラエルを支援しているのである（ラブキン二〇一二：五九）。

イスラエルとパレスチナは過剰なまでの非対称性を有し、アメリカのイスラエルへの支援により非対称性がますます助長されている（Hinnebusch 2003:237-238）。

アメリカ国際開発庁のデータによると、アメリカが一九四六年から二〇一三年の六十八年間に全世界に拠出した経済や軍事援助の累計一千九百二十三億ドル（二十七兆円）のうち、六〇％の一千百六十二億ドル（十六兆円）がイスラエルに集中している（立山二〇一六：四）。また、核兵器と大型通常兵器を生産・維持する強力な軍産複合体が、中東におけるイスラエルの覇権を確実なものにしている。世界の武器貿易におけるイスラエルのシェアは、小国としては多く、一〇％以上に達している（ラブキン二〇一二：一一一―一一二）。

アメリカにおけるユダヤ・ロビーは、政治のみならず、金融や映画界においても、大きな影響力を持っている。アメリカのメジャーな映画会社の創業者は、ほとんどがユダヤ人である。例えば、パラマウント映画、20世紀フォックス、ワーナーブラザーズ、ユニバーサル映画、コロンビア映画、MGM（メトロ・ゴールドウィン・メイヤー）などがそうである（山田二〇二三：一一四－一一六）。また、トランプ大統領の娘と娘婿もユダヤ人であり、大統領の実の子どもがユダヤ人である例は、あまりなかったであろう。

しかし近年、イスラエルとアメリカの二つのユダヤ社会の間に亀裂が生じている。イスラエルのユダヤ社会は過去二十年ほどの間に、右傾化を強めている。その結果、リクードを中心とする右派が政権を握り続け、国際社会の批判にもかかわらず占領地における入植活動や占領政策を続けている。

一方、アメリカのユダヤ人の多くは、自分たちがマイノリティであるだけに、多元主義や少数者の権利尊重などリベラルな価値観を重視する傾向が強い。それだけにアメリカのユダヤ社会の多数は、イスラエルが自分たちの価値観とは相反する方向に進んでいるという認識を強めている。特に若い世代を中心に一九九〇年前後から、右傾化が続くイスラエルへの批判が強まっている（立山二〇一六：八－九）。アメリカ国内においてもイスラエル偏重政策はアメリカの国益に沿わないとの主張も出てきているのである（Mearsheimer 2007=2007）。

六　多様なユダヤ社会

イスラエルとアメリカも一元的な関係ではなかったが、イスラエルの中にもシオニズムに反対する人びとが存在する。

シオニズムとは、パレスチナにユダヤ人国家を建設しようとする近代の運動である。シオンとは聖書ではエルサレムを指し、現在ではイスラエル全体を指すことが多い。シオニズムとは十九世紀末に、ユダヤ人への差別・迫害の激化に対する解決策として生まれたものである。ユダヤ人がパレスチナに帰還してユダヤ国家を建設すれば、ヨーロッパの反ユダヤ主義は解決できると考えたのである（臼杵二〇〇九：三〇）。

しかし、このような世俗的で民族的なシオニズムに反対する人びともいる。伝統的なユダヤ教徒は、メシアによるイスラエルの再建というヤハウェの約束を信じてきたので、人間が人為的に国家を作るという近代のシオニズムを、神への裏切りと捉える人もいる。また最も戒律を厳格に守る超正統派の人びとは、イスラエル建国にあたり、聖書の「汝、殺すなかれ、盗むなかれ」に違反していると主張し、イスラエルをパレスチナに返還すべきだと主張する者もいる（ラブキン二〇一二：七七、二〇一、二一四、二八三）。

宗教的なユダヤ・アイデンティティの観点から、民族的なシオニズムに対して批判するユダヤ人の思想家も存在し、民族への帰属や土地への所属ではなく、トーラー（旧約聖書、特にモーセ五書）に対する忠誠がより重要であると考えているのである（Rabkin 2004=2010:64）。

エルサレム・ヘブライ大学教授でユダヤ思想が専門のイェシャヤフ・レイボヴィッツは、ユダヤ教をナショナリズムの目的に合わせて道具化することに反対している。正統派、改革派の別を問わず、ユダヤ教を信仰として実践している人びとの中には、シオニズムをユダヤ教の諸価値に反するイデオロギーとして拒絶する者もいる。

ナチスによるユダヤ人虐殺の記憶は、イスラエルにとって強力な外交カードとして利用され、イスラエルに対する批判を封じる効果をもたらしているが、イスラエルの中には、自分たちがシオニズムによって、いつ終わるかわからない戦争状態に投げ込まれているとの感情も広がっている。ユダヤ人は、神の摂理ではなく、武器の力を信じているとの言説も存在する（ラブキン二〇一二：七七、二〇一、二一四、二八三、Rabkin 2004=2010:116）。

シオニズムも、二十世紀のホロコーストによる反ユダヤ主義も、ユダヤ人の民族概念化という点では似ているとの主張も存在する（Rabkin 2004=2010:68）。

しかし、歴史的にユダヤ人たちは、世界中どこでも非ユダヤ政府のもとで、暴力に訴えることなく暮らしていた。シオニズムの煽動者がいなければ、パレスチナとの戦争は起きなかった。周辺のアラブ諸国と「合衆国」を作ることも考えられ、さらに歴史的事実として、中東のユダヤ人はアラブ人と平和裡に一定程度共存していたのである（Rabkin 2004=2010:341）。

イスラエルは国家像をめぐって、近年、分裂状況にある。最も深刻な分裂は、イスラエル国籍の中のユダヤ市民とアラブ市民の間の大きな格差による民族的な対立である。第二は、ユダヤ人の中での、イスラエルを世俗的なユダヤ民族国家とするか、ユダヤ教国家にするかという、政教分離の原則に関わる対立である。第三は、ユダヤ人の出身地域による文化的差異であり、中東欧出身のアシュケナジームと中東アフリカ出身のミズラヒーム、あるいはロシア系ユダヤ人やエチオピア系のユダヤ人といった新たな移民集団の登場に伴うエスニックなレベルでの対立である（臼杵二〇〇九：二二二―二二三）。このような分裂状況が社会を分断し、和平が破綻する背景になる可能性もある。

七　近年の情勢とガザの極限状況

ガザは種子島《たねがしま》より小さな面積であり、南北全長約四十一キロメートル、東西の幅が約十キロメートルの長方形であり、人口は約二百三十万人である（臼杵二〇二三：二二）。イスラエルが二〇〇七年にガザを封鎖したことで、いわゆる「天井のない監獄」と言われ、水、食料、電気、燃料、医薬品等が非常に不足している。ただこの「監獄」という表現は、いかにも犯罪者が収監されているというイメージなので、本来はおかしいであろう。

ハマスはイスラエルの封鎖に対し、ロケット弾で攻撃をし、それに対してイスラエルは二〇〇八年十二月から二〇〇九年一月にかけて、ガザに対して激しい軍事行動をした。パレスチナ側の死者は合計千四百人以上で、そのうち九百人以上が民間人、さらにその三分の一が十八歳未満の子どもだった。それに対して、同時期のイスラエル側の死者は、民間人三人を含む合計十三人であり、その非対称性は明らかであろう（臼杵二〇二三：三五五―三五六）。

二〇一二年十一月には八日間の軍事衝突があり、死者はパレスチナ側百六十人、イスラエル側五人であった。二〇一四年七月には五十日間で、死者はパレスチナ側二千百三十人、イスラエル側七十一人であった。二〇二一年五月には十一日間で、死者はパレスチナ側二百五十六人、イスラエル側十三人であり、これらの数字を見るだけでも両者を同列には扱えないであろう（立山二〇二一：六）。

二〇〇八年から二〇二三年の攻撃以前の合計の死者は、パレスチナ側六千四百七人、イスラエル側三百八人で、およそ二十倍で非対称である（早尾二〇二三：一四）。

ただ死者の数は単なる数字と思ってはいけないだろう。その人びと一人ひとりには、人生があり、家族があり、笑いや涙があり、それぞれのかけがえのない生活があったことは忘れてはならない。

イスラエルとパレスチナの経済格差は非常に大きく、一人当たりのGDPは、二〇二一年において、イスラエル五万千八百四ドル（七百二十五万円）、パレスチナ三千四百六十四ドル（四十八万円）であり、十五倍ほどの差がある。ちなみに日本は二〇二一年度のそれは、三万九千八百三ドル（五百五十七万円）であり、イスラエルのほうが経済力は上である。

二〇二二年の世界銀行の調査によると、一人当たりの所得は、ヨルダン川西岸四千四百五十八ドル（六十二万円）、ガザ一千二百五十七ドル（十八万円）、イスラエル五万四千六百六十ドル（七百六十五万円）で、ガザとは四十三倍以上の開きがある。失業率は西岸一八％、ガザ四二％、イスラエル四％である。千人当たりの幼児死亡率は、西岸一四・六人、ガザ一七・一人、イスラエル三・五人となっており、ガザはパレスチナの中でも数字はかなり悪いのである（福富二〇二三a：一六）。

二〇二二年十二月には、史上最右翼と呼ばれるネタニヤフ政権が発足し、パレスチナにさらに厳しく臨んだ。これまでのような軍事衝突、日用品の不足、様々な人権侵害、失業等の絶望や貧困、怒りにより、過激主義が台頭する。アルカイダ、イスラーム国（ＩＳ）なども同様な現象であり、根本の原因を取り除かない限り、何度でも同じようなことが起こるであろう。

イスラエルが核兵器を保有しているのは公然の事実であり、ＮＰＴ（核不拡散条約）に加盟しておらず、国際法に抵触している。

このように、イスラエルは核兵器も有し、様々な国際法に違反している国家であり、経済力も紛争による死者の数も、パレスチナと比べて全く異なり、占領政策によりガザは極限状況にあることを理解しなくてはならないだろう。突然、二〇二三年十月七日にハマスが攻撃を始めたのではなく、このような背景があることを考慮する必要がある。

ガザ地区の人びとは、イスラエルに故郷を奪われた難民とその子孫であり、この地区の七〇％がイスラエル領内に故郷を持ち、故郷への帰還権を有する人びとである。一九九三年のオスロ合意に始まる和平プロセスは、名目的にパレスチナに「自治」を与えるものであった。しかし、難民の帰還権にも国境管理にも一切触れることなく、実際にはガザの包囲と無力化が進められたのである（早尾二〇二三：一三―一四）。

二〇〇六年のパレスチナ議会選挙において、ハマスはファタハに勝利し、「ハマス政権」が誕生したが、国際社会は承認しなかった。また、ファタハのアッバス議長は議長令という強権を発動して選挙結果を無効にした（臼杵二〇二三：二四）。さらに、イスラエルとアメリカは、ファタハに武器や弾薬を提供し、ハマスとの内戦をあおった。イスラエルはハマスの議員や活動家を逮捕、収監し、ガザへ追放したりした。この内戦の結果、二〇〇七年にはヨルダン川西岸地区はイスラエルに支援されたファタハが選挙結果を覆《くつがえ》して自治政府を維持し、ハマスをガザに押し込めた。

一般的には、「ガザ地区を実効支配するハマス」と言われるが、中東研究者の早尾貴紀によれば、実際は「西岸地区を実効支配するファタハ」というほうが正確である。こうしてイスラエルはガザのハマスを「抵抗への見せしめ」のように容赦なく軍事的攻撃の対象としながら、ヨルダン川西岸のファタハを骨抜きにして従属させていったのである（早尾二〇二三：一五）。

八　二〇二三年十月七日以降の情勢

二〇二三年十月七日に、ハマスが、ロケット弾約二千五百発を使い、イスラエルに大規模な攻撃をした。イスラエル側の死者は千二百人以上であり、一九七三年の第四次中東戦争以来最多の数となった。だが、今までの中東戦争は基本的に国家対国家の戦争であり、今回のように非国家主体によりこのような被害が出たことは建国以来初めてであろう。

今回の攻撃は、五十年前にアラブがイスラエルを急襲した第四次中東戦争と同じ時期のユダヤ教の祭日を狙ったものであり、多くの民間人や子どもも殺され、さらに人質として連れ去られるなど、国際法違反であることは明白である。

ハマスの攻撃に対し、イスラエルは大規模な反撃を行い、二〇二三年十一月十四日には、ガザの死者が一万人に達し、その半数近くは子どもであった。イスラエル側の死者は千五百人以上であり、約二百四十人が人質になっている。

二〇二二年にロシアに侵攻されたウクライナの民間人の死者は、一年八か月間の戦争で約一万人以上であるのに対して、ガザでは一か月余りで同じくらいの人びとが亡くなっている。このことからもどのくらい激しい市街戦が行われているかがわかるであろう。なお、ヨルダン川西岸地区では、イスラエルによるパレスチナ人への強制的追い出しが、戦争開始以後、約千人にものぼっていて、イスラエルの人質約二百四十人より多いのである（朝日新聞：二〇二三年十一月三十日付）。

ハマスが攻撃した要因として、サウジアラビアとイスラエルの関係正常化への反発があった。二〇二〇年にはアメリカのトランプ政権の仲介でいわゆるアブラハム合意がなされ、イスラエルとアラブ首長国連邦（UAE）およびバーレーンとの国交正常化がすでに果たされていた。マッカ、マディーナを有するアラブの盟主であるサウジアラビアがイスラエルと接近することにくさびを打つ狙いもあったのである。

アラブ諸国とイスラエルが協力することで得られる利益は、両者ともに大きかった。アラブはイスラエルの高度な軍事力に頼り、イランのイスラーム革命による湾岸アラブの王制転覆を防ぐことができる。イスラエルも周りを敵に囲まれた状況を脱し、安全保障環境を改善できると考えた。アラブ、イスラエル双方とも、イランを脅威に思っていたからである（日本経済新聞：二〇二三年十一月十六日付）。

二〇二三年の夏に、ガザ地区でハマスに対する住民デモが起きた。ガザ封鎖が解かれる見通しがなく、高い失業率など経済状況も非常に悪かったのが原因とされる。ハマスはそれらの問題を打開し、ガザ住民の意識を外の敵に向けようと思ったのであろう。

さらにアラブの諸国家がイスラエルと融和し、パレスチナ問題が忘れ去られる恐怖があった（朝日新聞：二〇二三年十月九日付）。強硬な態度をとることにより、パレスチナ内部での主導権を強固にする狙いもあった。

最近、中国の台頭やウクライナ戦争により、アメリカは徐々に中東から撤退していた。パレスチナ問題解決ではなく、イスラエルと親米アラブ各国との国家関係の改善を通じて中東地域の安定を図ろうと、アメリカは考えていた。ハマスは自分たちを飛び越え、国家同士が関係改善することに異を唱えるために、このようなことを起こしたのだろう。

イスラエルの反撃も自衛の範囲を大きく逸脱している。各国や国際組織の反応もイスラエルによる過剰報復に懸念を示している。国連人権理事会の特別報告者であるフランチェスカ・アルバネーゼは、十月十四日に、ナクバが繰り返される危険性があると述べ、イスラエルは自衛の名のもとに、民族浄化に相当する行為を正当化しようとしていると声明した（朝日新聞：二〇二三年十月十六日付）。

アメリカのバイデン大統領は、大多数のパレスチナ人はハマスと無関係であり、ガザをイスラエルが再び占領するのは大きな間違いであると主張した。ＥＵの首脳は、イスラエルは国際法に従って権利行使をするようにと声明を出している。中国の王毅外相は、イスラエルの行為は自衛の範囲を超えていると述べ、エジプトのシシ大統領は、イスラエルは過去にも自衛権を過度に行使してきたと述べた。トルコのエルドアン大統領は、ガザ住民への無差別攻撃は、暴力の連鎖を増大するものと懸念を示している。彼はトルコ建国百周年の前日にあたる十月二十八日にさらに踏み込んだ発言をした。イスラエルは戦争犯罪国家であり、ガザで起きていることは大虐殺であり、イスラエルを止められない西側諸国にも責任があり、ハマスはテロ組織ではないと述べた（日本経済新聞：二〇二三年十月十六・十七日付、読売新聞：二〇二三年十月三十日付）。

イスラエル国内においても過激な発言があった。エルサレム問題・遺産相で極右政党に属するエリヤフは、インタビューで「原爆を落とすべきか」と問われて、「一つの選択肢だ」と述べた。

また、財務大臣で極右政党党首のスモトリッチは、ヨルダン川西岸のある町を消し去るべきだと発言した（朝日新聞：二〇二三年十一月七日付、三十日付）。

イスラエルは人口一千万人弱の国で、二〇二三年十一月の時点で、軍が予備役三十六万人を動員したので、ハイテク産業では従業員の一五％が動員され、経済的にも疲弊している（日本経済新聞：二〇二三年十一月二十二日付）。

今回のハマスの攻撃は、二〇〇一年の9・11事件になぞらえることができるかもしれない。9・11後、アメリカは長年にわたり「対テロ戦争」を行った。莫大な資金をつぎ込み戦争をした結果、世界が大混乱となり、むしろテロリストを養成するはめとなった。結局、イラクはシーア派政権になり、アフガニスタンではタリバンが復活するなど、アメリカが望まない結果になった。これらの戦争により、経済的にも政治的にも、威信の面でもアメリカは没落した。イスラエルも今後大規模な「対テロ戦争」を行うのであれば、アメリカと同じ失敗をする可能性がある（日本経済新聞：二〇二三年十月十三日付）。

おわりに

中東における紛争の焦点であるイスラエル・パレスチナ紛争は、単なる宗教紛争ではなく、領土問題や聖地管轄権の問題でもある。

そもそもユダヤ問題とは実はヨーロッパ問題であり、中東イスラーム世界にはユダヤ問題はほとんど存在せず、ユダヤ・キリスト・イスラーム教徒は比較的うまく共存していた。ヨーロッパにおけるユダヤ問題を中東に移植したことにより紛争が生じた。

ヨーロッパのユダヤ人差別、第一次大戦の三枚舌外交が、イスラエル・パレスチナ紛争の歴史的な要因であろう。また、パレスチナ人が暮らす土地にイスラエルが建国されて、パレスチナ人が難民となった。二千年ほど前に住んでいたと言われる土地に国家を建設したのであり、そのようなことを現在、世界で行えば、大混乱となるであろう。

その後もイスラエルの強制的な入植、戦争による占領、分離壁の建設、核武装をはじめとする多くの国際法違反などにより、問題はより深刻になってきた。アメリカによるイスラエルへの経済的・軍事的支援により、パレスチナとの非対称性がさらに増大している。

二〇二三年に始まるイスラエル・パレスチナ紛争は、欧米のダブルスタンダードを浮き彫りにした。二〇二二年にウクライナへ侵攻したロシアを非難する一方、一九六七年の第三次中東戦争からパレスチナを占領し、入植を止めないイスラエルに目をつむり、法を犯している側のイスラエルを欧米は支援しているのである（福富二〇二三b：二二―二三）。

しかし、アメリカのユダヤ人も、イスラエルのユダヤ人も多様であり、和平を望んでいる人びとがいるのも事実である。

二〇二三年十月七日のハマスによる大規模な攻撃によって、また大きな戦争となってしまった。ハマスの民間人に対する攻撃も国際法違反であるし、イスラエルの攻撃も自衛権を超えた国際法違反であろう。

命を落とすのは、双方とも弱い民間人や老人や子どもである。もうこれ以上再びのホロコーストもナクバも必要ない。双方とも、相手との「妥協」を許さない強硬派がいて難しいであろうが、すぐにでも停戦をする必要がある。停戦をした後で、国連や第三者も交えながら、協議をする必要があろう。難しい問題は、棚上げにして、別途協議でも構わない。

イスラエルもパレスチナも、ホロコーストとナクバという大きな痛みを経験している。しかし自らの痛みを暴力によって解消してはいけないのである。やられたらやり返せでは、暴力の連鎖は止まらない。

最も苦しんだ人が幸福になる権利があり、両者ともに幸福になる道筋は必ずある。私たちは今こそ英知を絞るべきであろう。この地域は対立ばかりでなく、イスラエルとパレスチナの共同被害者の会や共通歴史教科書作りもなされていて、和解・共存は不可能ではない。

中東では、いつでも戦争が行われているかのように思われているが、そうではない。イスラエル・パレスチナ紛争は近代の産物である。「ユダヤ・キリスト・イスラーム二千年の怨念の歴史」などと言われるが、それも事実ではない。過去には、一定の共存が保たれていた時代・地域もあった。戦争は人間の宿命ではなく、適切な共存方法があれば、異教徒・異民族だろうが仲良く暮らせる。そのような過去の多宗教・多民族共存のシステムを今こそ学ぶ必要があろう。次章では、そのようなイスラームにおける寛容性や帝国的共存様式の可能性を展望していく。

第十四章　ウクライナ戦争とイスラームの共存様式

はじめに

二〇二二年に始まるウクライナ戦争において、ロシアの国際法違反は明白である。しかしイスラームの観点から見ると様相が異なって見えてくる。通常、報道されている事実とは違い、西側のダブルスタンダードが浮き彫りになる。

ここでは、近年のウクライナとアメリカの関係や戦争要因を考察し、イスラームの視点からウクライナ戦争を位置付け、グローバル・サウスの見方を考察し、重要な役割を果たしているトルコの仲介外交を分析する。その上で、平和と共存への可能性を展望するため、イスラームの寛容性や平和観、またオスマン帝国の共存様式を分析し、戦争から共存への方途を考察する。この視点は、前章で論じたイスラエル・パレスチナ紛争にも適用できよう。

イスラームの寛容性は、他者の存在が前提となる商業志向、多元的な預言者を認める共存様式、排他的な線引きをしない移動の民のメンタリティから構成されているが、これらの志向様式は、現在の戦争を低減化することにも寄与するであろう。また、六百年以上も大帝国が維持できたオスマン帝国の共存システムは、特定の人びとに偏らない実力登用主義、他宗教の自治を一定程度認める制度、様々な要素を包含したオスマン的ユニバーサリズムなども、戦争から共存へと転換するための重要な視点を投げかけている。

一　近年のウクライナとアメリカ

ウクライナ戦争もガザと同じく、二〇二二年二月二十四日に突然始まったのではない。それには歴史的背景があるので、一九九〇年代からのウクライナの動きとアメリカとの関係を分析する。

東西ドイツの統一が具体化してきた一九九〇年二月九日、ソ連書記長のゴルバチョフに、アメリカのベーカー国務長官は、東西ドイツの統一をソ連が許容するならば、「ＮＡＴＯ軍の管轄は一インチも東に拡大しない」と伝えた。さらに五月には、ＮＡＴＯのヴェルナー事務総長も「Ｎ

ATO軍を西ドイツの領域の外には配備しない用意がある」と演説した。このような米ソの了解のもと、十月にはドイツが再統一され、一九九一年七月にはワルシャワ条約機構が解体され、八月にはウクライナが独立し、十二月にはソ連邦が崩壊した。この一九九一年から一九九四年までは、ウクライナはロシア、欧米の間にあって、非同盟の道を模索していた（南塚二〇二三：四―五）。

しかし、次第にNATOが東方へと拡大し始める。一九九四年十二月のNATO外相会議では、東中欧諸国の早期加盟実現を決議し、一九九六年にはクリントン大統領が、東欧諸国をNATOに加盟させると公約し、ロシアを挑発した。

ウクライナでは、二〇〇四年十一月に大統領選挙が行われ、親露派のヤヌコーヴィッチと新欧米派のユーシェンコが争い、ヤヌコーヴィッチが当選した。だが「不正」があったとされ、再投票の結果、ユーシェンコが当選した。これはオレンジ革命と言われており、二〇〇四年五月にはブッシュ（父）アメリカ元大統領がウクライナを訪問するなど、かなりの介入があったようである。ユーシェンコはそれまでの非同盟の方針を放棄し、NATO加盟に積極姿勢を示すようになった（南塚二〇二三：六―八）。

二〇〇九年七月に、オバマ政権下のバイデン副大統領は、ウクライナ議会で演説し、NATO・

ＥＵ加盟を支持すると約束した。しかし、当時のウクライナでの政治志向は、欧米支持ではなかった。少し後であるが、二〇一三年のギャラップ社の世論調査では、ソビエト体制ないしはそれに近い民主体制の支持者は、クリミアを含む東部では五七％、中部では五一％、西部では二三％であり、ウクライナ全体では四八％であった。逆に西欧的な民主体制をよしとするものは、東部では一五％、中部で三〇％、西部で五七％、全国では二八％であった。同年のレイティング社の調査では、ＥＵ加盟賛成は五二％、反対三四％、ＮＡＴＯ加盟賛成一九％、反対六四％であった（南塚二〇二三：九一―一〇）。このようにこの段階では、ウクライナは西欧寄りとは言えず、どちらかと言えばロシア寄りでＮＡＴＯ加盟には反対が多かった。

二〇一〇年より親露派のヤヌコーヴィッチが大統領となり、非同盟政策を行い、ＥＵ加盟に消極的であった。大きな転機を迎えたのが、二〇一三年十一月二十一日からのマイダン（独立広場）革命である。ヤヌコーヴィッチがＥＵとの連合協定への署名を拒否したことに抗議するデモがキーウのマイダンで起こった。これはＥＵ加盟を主張するウクライナ西部の勢力によるものだった。この西部勢力とかつての反ソ民族主義者や極右組織が合体したデモが、アメリカの支持を受けつつ行われた。二〇一四年二月二十二日にヤヌコーヴィッチ大統領は憲法に基づくことなく追放され、ロシアに避難した。その後五月に大統領再選挙が行われ、ポロシェンコが大統領になった。この革命にアメリカは深く関与しており、二〇一五年二月に、オバマ大統領がCNNのインタビューで、ヤヌコーヴィッチ政権転覆のために、アメリカが大いに介入したと発言した。また、バイデン副大統領は二〇一四年四月にキーウに入り、議会で演説をし、さらにウクライナ政府の人事にまで関与した（南塚二〇二三：一〇―一四）。

二〇一四年二月二十三日に、ウクライナ語と並んでロシア語を公用語とする言語法を廃止し、ウクライナ語のみを公用語とした。これに対して、ロシア語話者の不満が爆発し、暴動が起き、ウクライナ側と激しく衝突をした。四月にはウクライナ東部のドンバス地域（ドネツク州とルハンスク州）が「独立」を宣言した（南塚二〇二三：一六）。二〇一四年三月十六日には、クリミアで住民投票が行われ、ロシアへの「併合」が支持された。評論家の佐藤優によれば、ロシアが軍を展開せず、完全に自由な環境で住民投票を行っても、圧倒的多数の有権者がロシア編入に賛成票を投じたとされる（佐藤二〇二二：一九七）。クリミアでは、住民の六〇〜七〇％がロシア人で、二〇％あまりがウクライナ人、一〇％あまりがクリミア・タタール人である。この「併合」は国際法上認められないとして、ウクライナと欧米はロシアを非難し、経済制裁を行った。ロシアは先進国首脳会議への参加を拒否され、孤立が深まった。

二〇一四年には、東部地域で事実上の戦争が行われ始めていた。これを収めるために、諸外国の仲裁で休戦の試みがなされ、二〇一四年九月には、ミンスク合意Ⅰがまとめられた。内容は東部における即時停戦と重火器の撤去、ドンバス地方に期限付きで自治権を与えることであった（南塚二〇二三：一七一一九、佐藤二〇二二：一九九）。しかし、結果的に和平は実現できなかった。

二　ゼレンスキーと戦争要因

ウクライナは経済的にも軍事的にも欧米と密接に結びついていたが、二〇一九年に就任したゼレンスキー大統領は、当初は対露和平を掲げて、東部と西部双方から支持を受けて大統領選に圧勝した。彼は、ロシアとの協調路線を採り、プーチンとも連絡をとって、東部での停戦を模索した。十二月には両者は独仏首脳を交えて直接対話で協議もした（南塚二〇二三：二二）。

ゼレンスキー自身は、「ありふれたソビエトのユダヤ人の家庭」で育ったと述べていて、ロシア語話者でもある。また彼はコメディアンであり、テレビシリーズ「国民の僕《しもべ》」で国民的スターになった。このドラマは高校教師であるゼレンスキーが、汚職を糾弾する教え子の動画が拡散したことで、ついには大統領になってしまうという内容である。そしてその後、この作品と同名の政党を立ち上げ、ゼレンスキーが実際に大統領になったのである（赤尾二〇二二：一二一―一二三）。

このようなゼレンスキーであるが、一連の対露和平交渉を「裏切り」とする極右や親NATO勢力の圧力で頓挫してしまった。二〇二〇年になると、ゼレンスキーの支持率は三〇％台まで低下したので、対露強硬路線、NATO・EU加盟へと方向を転換した。

二〇二二年二月十一日に、ロシア、ウクライナ、独仏の外相会談がミンスク合意の実現について協議したが、アメリカの意向もあり、ウクライナが拒否し、合意には至らなかった。二月十六日には戦闘が激しくなり、プーチンは難しい選択を迫られた。ドンバスのロシア語話者たちを軍事的に助け、国際的な非難を浴びるか、あるいは、傍観して彼らが粉砕されるのを見ているかである。プーチンは前者を採り、国際法違反として大きな非難を受けた。

国際政治学者の南塚信吾によれば、ウクライナは、事実上アメリカとNATOに翻弄されたのである。アメリカとNATOの努力により、ミンスク合意などを実行し、ウクライナの政治的中立と経済的にはEU加盟などで、戦争は避けられた可能性がある。またウクライナ戦争は根本的には、一九八〇年代からの新自由主義が世界的に席捲《せっけん》する一局面である(南塚二〇二三:二一―二七)。二〇〇〇年代に入ると、東欧諸国はアメリカ流の民主化や市場経済化、さらにはNATOの軍事化を受け入れた。プーチンはそれをアメリカによる「内政干渉」と捉えたのである。彼は、家族や国家などの伝統的価値観に基づいて「大国ロシア」の再建を目指す保守的大ロシア主義者である。その立場からすると、ロシアと民族的な起源を共有し、ソ連の一部であったウクライナが西側に傾斜するのは許せなかったのであろう(油井二〇二三:三一―三三)。だが当然、ロシアの対応も間違っており、新自由主義に対抗するやり方は軍事面のみではないであろう。また、それに対抗する国々は世界に多く存在し、それらと連帯し、平和的に問題を解決できたであろう。

国際政治学者の油井大三郎によれば(油井二〇二三:五六)、ウクライナ戦争の要因は次の三つである。第一に、ソ連解体後のロシアでは民主的改革が挫折し、大ロシア主義を提唱する権威主義的な政権ゆえに、旧ソ連地域への干渉戦争が起こったことである。第二に、冷戦終結後もアメリカがNATOの東方拡大を推進し、ロシアを国際的な孤立に追い込んだことである。第三に、ロシア系住民はロシア以外では少数派となっていたが、この少数民族問題の解決の遅れが原因となったのである。

アメリカの国際政治学者のジョン・ミアシャイマーは、ウクライナを西側に引き入れようと推進し続けた結果が、ロシアをウクライナ侵攻へと追い込んだのであり、米国がロシアに近接するウクライナでやってきたことは、ソ連がキューバでやったことと同じであるとした。さらにロシアのような大量の核兵器を保有する大国を追い詰めるのは、極めて愚かな行為であると述べた（ミアシャイマー二〇二二：一五〇－一五六）。アメリカの国務長官であったヘンリー・キッシンジャーも、二〇一五年においてEUやNATOの東方拡大を批判した。政治学者のズビグネフ・ブレジンスキーは二〇一四年にウクライナを、民主制や資本主義を維持しつつソ連には反抗しないという「フィンランド化」するのがヨーロッパの安定にとってよいと発言した（南塚二〇二三：二六）。

ロシアの行為は明らかな国際法違反であり、強く非難されるべきであろう。しかし、歴史的経緯を考察することも重要であり、多様な要因を分析する必要があろう。また、ウクライナ側の情報は大量に日本に入ってくるが、ロシアの側からも見ないと正しいメディアリテフシーとは言えないであろう。

三　ダブルスタンダードとしてのウクライナ戦争

「武力による現状変更は認められない」との言葉を、ウクライナ戦争勃発からよく聞くようになった。その通りであり、これは人類の不戦の誓いでもあろう。したがって、ロシアの行為は強く非難されるべきである。

しかし、本当に最近の全ての紛争に、その言葉が適用されてきただろうか。イスラームの観点から見て、非常に疑問に思う。現状変更の可否は、西側諸国や国際機関が恣意的に決めていなかったか。

米英等によるアフガニスタン戦争やイラク戦争、イスラエルによる様々な国際法違反、リビアへの空爆や政権転覆、国際社会が介入したシリア内戦、アルジェリアやエジプトのイスラーム主義者の政権に対する軍事クーデターによる転覆と国際社会のクーデター容認など枚挙にいとまがない。

ウクライナ戦争は二〇〇八年のコソボ独立と似ているかもしれない。セルビアの自治州だったコソボは独立を試み、冷戦崩壊後、NATOによる国連承認なしの初めての空爆をセルビアへ行った。攻守は今回とは逆で、西側が攻撃しコソボを支援した。ただコソボ独立の場合は、二〇一〇年に国際司法裁判所が、独立を「国際法違反にはあたらない」としたので、ウクライナ戦争とは全く同じではない。しかし、主権国家内で分離派が独立を望み、武力を行使し、大国や国際機関がそれを認めた場合、既存の国家から独立するのは、合法と判断する事例が生まれたのである（塩谷二〇二三：五九―六〇）。つまり、武力による現状変更が認められる場合もあったということである。

二十一世紀に入り、対テロ戦争で約九十万人が亡くなり、現在もウクライナ戦争の陰で、様々な人道危機が存在するにもかかわらず、ほとんど注目されていない。これらの被害を受けた国々は、欧米が語る「正義」や「人道」をダブルスタンダードと見ている（朝日新聞：二〇二三年二月二十一日付）。

難民の扱いも異なっている。カナダは、二〇二一年八月中旬、アフガニスタン難民の受け入れを発表したが、上限を二万人としていた。だが、ウクライナ難民は無制限とした。

ウクライナのEU加盟問題も取りざたされているが、トルコは一九五九年にEECにより準加盟申請が受理されたが、六十五年以上経っても加盟を拒否されているのが現状である。全く状況は同じではないが、イスラームであるから拒否されていると多くのトルコ人は感じている。

さらに差別的言説も見られる。CBSニュースの特派員は、二〇二二年二月二十五日に、「ウクライナは、イラクやアフガニスタンのように数十年も紛争が続いている場所とは異なり（中略）比較的文明化しており、ヨーロッパのような都市です。今回のようなことが起こるとは予想もできなかった場所です」と述べた。

また、元欧州議会議員のダニエル・ハナンは、ウクライナの人びとは「私たちにそっくり」であり、「だからこそ衝撃は大きいのです」と述べた。ブルガリアのペトコフ首相は、「ウクライナの（中略）人々は、私たちがこれまでに見てきた難民とは違います。彼らはヨーロッパ人です。知的で教養のある人々です。彼らは（中略）素状も過去もわからない、テロリストである可能性がある人たちとは違うのです」と語ったのである（三牧二〇二二：四八―四九）。

四　イスラームとグローバル・サウスから見たウクライナ戦争

イスラーム諸国のみならず、グローバル・サウスや新興国は、ロシアのウクライナへの侵攻を非難はするが、制裁には加わらない場合が多い。

二〇二二年三月二日の国連総会緊急特別会合での対ロシア非難決議は反対五か国、棄権三十五か国、無投票十二か国で、賛成は百四十一か国だった。つまり戦争当初の非難決議でさえも、賛成しない国は、合計五十二か国もあり、ほとんどはアジア・アフリカ・中南米の国々だった。

国連の人権理事会からロシアを追放する二〇二二年四月七日の国連決議では、棄権・反対・無投票が百か国であり、賛成九十三か国を上回ったのである（日本経済新聞：二〇二二年四月十四日付）。

英誌『エコノミスト』の調査部門ＥＩＵによると、ロシアのウクライナ侵略を非難したり、制裁したりしている国々の人口は三六％にすぎない。三二％はインドやブラジル、南アフリカのように中立を決め込む国々、残る三二％はロシアの主張を理解するか、支持する中国やイランなどである（日本経済新聞：二〇二二年六月二十八日付）。

中東の親米国とされているトルコ、イスラエル、サウジアラビア、アラブ首長国連邦などの国々でさえ、西側に全面的にくみすることを避け、いわば「親米中立」を貫いている。これらの国は、そもそも西側の価値観に全面的には共鳴しておらず、中東から撤退したアメリカに代わり、プレゼンスを増大させるロシアやその友好国との関係を悪化させるのは得策ではないと考えている（池内二〇二三：一〇七―一二四）。

トルコにおける二〇二二年三月のメトロポール社による調査では、「ウクライナ危機の責任は誰がとるべきか」との質問に対する回答は、米国・NATO四八・三％、ロシア三三・七％、ウクライナ七・五％となっており、NATO加盟国のトルコですら、西側諸国とは異なる見解となっている（今井二〇二二b：四）。

五　トルコの仲介外交

トルコもウクライナもロシアも、黒海を隔てた隣国で、いずれも黒海沿岸の地域大国であり、関係も深く、地域が不安定になるのは避けたいのである。トルコは、天然ガスの三六％を、小麦の六五％をロシアから輸入しており、また原発建設の委託もロシアにしており、エネルギーと食糧の両方をロシアに依存している（出川二〇二二：九）。トルコとロシアは、シリアやリビアでの利害対立があっても、エネルギー、安全保障、貿易、観光などの経済分野の二国間関係は密接である。しかし、トルコはロシアの武力行使を非難し、ウクライナの領土の一体性、主権維持を支持し、モントルー条約を適用し、イスタンブルの海峡をロシアの戦艦等が通過できないようにもした（金子二〇二三：四二―五〇）このようにトルコは地政学的にも経済的にもロシア・ウクライナ両国と深い関係を持ちつつ、うまくバランスをとっていると言えよう。

トルコはウクライナ戦争勃発後、一貫してロシアとウクライナの間の仲介を試みている。二〇二二年三月十日にトルコにおいて、ロシア、ウクライナ、トルコの外相会談を行い（Hürriyet：二〇二二年三月十日付）、七月にトルコと国連の仲介で、ウクライナ産の穀物を黒海から輸出させる「穀物回廊」実施の合意が成立した（Cumhuriyet：二〇二二年七月二十七日付、今井二〇二三：一）。二〇二二年三月二十九日にはイスタンブルで停戦協議が行われ、トルコ大統領エルドアンが次のような六項目の提案をし、ロシアもウクライナも一定程度認めた。①ウクライナの中立化②非武装化③非ナチ化④ロシア語の使用制限の解除⑤東部ドンバス地方の帰属は別途協議⑥クリミア半島の帰属は十五年かけて別途協議とした。

このように、ロシア軍の二月二十四日ラインまでの撤退とクリミアとドンバス地域については別途協議をするということに、両者はほぼ同意していた。しかし四月四日にブチャでの民間人殺害が報道されると、ウクライナが次第に強硬な態度をとるようになってきた（東二〇二三：五一―五五）。

東欧や中東地域は、ハプスブルク・オスマン・ロシア帝国など多民族多宗教帝国が存在した地域である。このような民族的にも宗教的にもモザイク状の地域では、均質な国民国家を形成することは困難であり、民族や宗教によって線引きをすることは不可能である。にもかかわらず、恣意的で不自然な国境線が欧米によって作られたので、この地域で紛争が多発しているのである。だが、常にこの地域で紛争が絶えなかったわけではなく、過去にはイスラームの寛容志向やオスマンの共存様式により、比較的うまく共存してきた。このことを検証するために、イスラームとオスマンの観点から、平和と共存のためには何が必要かを、次節以下で分析する。

六　イスラームの寛容性と平和観

イスラームは暴力と戦争の宗教と報じられることが多い。近い将来、イスラームは世界最大の宗教集団になるが、単なる暴力の宗教であるなら、多くの人びとを魅了できないだろう。確かに、イスラームがテロや戦争の動員の道具とされていることは事実だが、比較的寛容であることはあまり知られていない。イスラームが比較的寛容な要因として、次の三つが考えられよう（岩木二〇一八：七三）。

第一に、イスラームが誕生した地域は、文明発祥の地で都市が発展し、さらに乾燥地域が多く農業にはそれほど適していなかったので、商業が発達した。イスラームは、このような都市的、商業的文化の影響を強く受けた宗教であった。都市の中には様々な人間が存在しており、一定の共存システムがなければ都市は機能しないであろう。また、商業において身近な人や自集団と交易をしても、大きな利益は上がらず、異なる集団や他者との交易こそ、利益の増大となる。つまり他者や他集団の存在が前提となっている。戦争などをして、相手を殺してしまうことは、商業上、最もやってはいけないことである。このように、都市・商業の宗教であるから、他者への寛容性が醸成された。

第二に、イスラームが多元的な預言者を認めることである。モーセもイエスも重要な預言者であり、ユダヤ教徒もキリスト教徒も啓典の民であり、きょうだいの宗教と位置づけられており、一定の共存を保っていた。多くのイスラーム帝国で、人頭税などを払えば、他宗教にもある程度の自治や共存が図られていた。

第三に、この地域は移動をする人びとが多く、移動文化が常態となっている。遊牧・商業・留学・巡礼などが盛んで、移動の民が多い。移動をする人びとにとって、排他的な線引き概念は邪魔なものであり、他者が自文化に入ってくることも拒まない代わりに、自分も移動先で安全が保障されることを望む。このように排他的領域志向が弱いので、寛容性が醸成された。これらの志向様式は、国境争いや戦争を低減化することに役立つであろう。

だが、イスラームは絶対平和主義の宗教ではない。イスラーム共同体であるウンマが暴力的に破壊される場合には、成年男子は戦う義務がある。しかし、単に戦争と暴力の宗教でもなく、ジハードは聖戦よりも広い概念であり、宗教的に努力するという意味であった。ジハードの手段も、心、言葉、手、剣など様々あり、これらの手段を使いイスラームを宣教するのである。

平和や幸福をもたらしたからこそ、イスラーム教徒が二十億人近くもいるのであろう。歴史的にも次に見るオスマン帝国において、一定の平和と共存を作り出したのである。

七　オスマン的共存形態の可能性

最後にして最大のイスラーム帝国であったオスマン帝国は、イスラームの寛容性を一定程度体現した帝国であった。日本史で言えば、鎌倉時代から大正時代まで続き、アジア・アフリカ・ヨーロッパにまたがる巨大帝国であった。このような広大な帝国を長期間維持するには、一定の共存形態が機能し、特定の宗教・民族などに偏らない政策が必要であろう。もしそうでなければ、不満が蓄積し、反乱が増大し、早々に帝国崩壊となったであろう。ここでは、オスマン帝国の共存形態を考察し、帝国維持の要因を見ていく。これらは、現在の様々な紛争を対話・共存へと移行するための指標となるであろう。

オスマン帝国にはデヴシルメ制と言われる制度が存在した。キリスト教徒の子弟を強制徴集し、イスラーム教徒に改宗させた上で、官僚や軍人として登用した。なかには高級官僚・高級軍人・大宰相にまで登りつめる者もいた。

この制度によって政府首脳が多数生まれた事実から、「貴族なき社会」というイメージができた（鈴木一九九七：一六七）。事実、ヨーロッパの貴族は、オスマン帝国を訪れ、羊飼いの息子が大宰相になっていることに驚き、このような人材登用システムがあるから、オスマン帝国が巨大になったとの手記を残している。

またオスマン帝国では、ユダヤ教徒やキリスト教徒は同じ一神教の啓典の民であり、人頭税を払えば、宗教的自治がある程度認められた。オスマン帝国は税収をさらに増やすために、啓典の民の概念を拡大し、宗教共存を図った。首都であるイスタンブルは、人口の四割ほどが非イスラーム教徒であり、多宗教共存の象徴であった。

当時のオスマン帝国の自称は、「崇高なる国家」もしくは「崇高なるオスマン国家」であった。国家の名称に特定の民族名などが入っていないということは、コスモポリタン性を表すものと言えよう。

また、そもそもスルタンですら混血が進み、トルコ人ではなかった。三代目と四代目のスルタンは、母親がキリスト教徒のギリシア人であった。十五・十六世紀の頃の大宰相は、もともとキリスト教徒だったギリシア人やセルビア人が多かった（新井二〇〇九：二五）。このように特定の民族が中心の帝国ではなかった。

一方、キリスト教に目を転じると、一四九二年はレコンキスタが完成し、キリスト教共同体をヨーロッパにおいて作り出した年であり、またコロンブスがアメリカ大陸に到達した年でもあった。このレコンキスタにより、イスラーム教徒のみならずユダヤ教徒もヨーロッパで迫害を受けるので、オスマン帝国等に逃げてきた。したがってこの年は、ユダヤ教徒やイスラーム教徒排除によるキリスト教共同体形成といった内なる植民地主義と、新大陸への進出といった外なる植民地主義を象徴するものである。

オスマン帝国のスルタンは、イスラームのカリフ（預言者の代理人）であり、中央アジア起源の汗（ハン）であり、さらにはローマ帝国の後継者としての皇帝でもあった（Ortaylı 2009:183）。東ローマ帝国を崩壊させて、コンスタンティノープルを占領したメフメト二世は、アレクサンドロス大王を受け継ぐものであると称し、オスマン帝国はローマの後に立ちあがった帝国であると述べた。異教のアレクサンドロス大王やキリスト教徒であったローマの皇帝たちの玉座を継承し、イスラームの時代を体現した（林二〇〇八：九六―九七）。

このようなことから、イスラームとキリスト教などを二律背反的に捉えることは戒めなければならない。オスマン帝国は単なるイスラームやアジアの帝国ではなく、バルカンやローマの帝国でもあった。オスマン史家のイルベール・オルタイルによれば、パックス・オットマニカ（オスマンの平和）は、パックス・ロマーナ（ローマの平和）の最後のモデルであり、オスマン帝国はイスラーム教徒による第三のローマであった（Ortaylı 2010:11,49）。

このように、オスマン帝国は帝国とイスラームを兼ね備えたコスモポリタンな国家として、オスマン的ユニバーサリズムを作り出した（Hanioğlu 2008:24）。幅広い人材登用システム、他宗教の自治を認める制度、特定の民族や宗教に偏らないコスモポリタン性を創出し、オスマン的共存システムを作り上げたのである。

おわりに

本章では、ウクライナの近年の動きをアメリカとの関係の中で考察し、ウクライナは一貫して西側寄りではなく紆余曲折があり、様々な要因により現在のような状況になったことを見てきた。さらに、西側諸国が恣意的に、武力による現状変更を認める場合と認めない場合があることを指摘した。本来、いかなる場合においても、武力による現状変更を認めてはならないのである。

西側の世論とは明らかに異なるのが、イスラームやグローバル・サウスの国々であろう。その要因は、国際法におけるダブルスタンダードへの不信感の他に、西側による過去の奴隷貿易、植民地主義や帝国主義に対する根強い反発がいまだに存在するからであろう。さらに冷戦時代にソ連に援助をしてもらったことや、現在においてもロシアや中国、インドの経済的影響力やその将来性などを考慮に入れて、したたかに対応しているとも考えられる。そのため、ロシアへの非難決議にはある程度、賛成するが、実際に様々な制裁をする決議には賛成はしないのである。

今後、人命の尊重という観点から、即時停戦が望まれよう。停戦や交渉はロシアに対する降伏を意味するものでない。その意味で、ロシア、ウクライナの両首脳とも会っているトルコの仲介外交は重要であろう。

また平和共存のために、イスラームの寛容・平和志向やオスマンの共存様式から学ぶことは大きい。特に、紛争が絶えない中東や東欧地域では、均質な国民国家ではなく、過去の帝国的多民族共存システムも重要な共存への指標となろう。

戦争は長期的全体的に見れば、経済的なコストは利益を上回るのである。また、大国が武力介入することにより、大国自身が没落する例は歴史上多い。アメリカのベトナム・アフガニスタン・

イラク戦争、ソ連の一九七九年からのアフガニスタン戦争のように、ウクライナ戦争によってロシアは経済的、軍事的にも、そして威信の面でも没落するであろう。

人類は現在、戦争などをしている場合ではない。感染症、環境問題、貧困・格差など問題は山積している。

五百年ほど前、日本は戦国時代であり、いわば現在の県同士が殺し合いをしていたのである。フランスとドイツも近代史において、さんざん戦争をした。日本も「鬼畜米英」のアメリカと、つい八十年ほど前は戦争をしていた。しかし、今ではこれらの国同士の戦争の可能性は想像すらできない。これと同じように未来の人びとにとって、二十一世紀にウクライナとロシアが戦争をしていたとは考えられないかもしれない。いや考えられないようにすべきだ。二十一世紀の人びとはなんと愚かだったのか、ウクライナとロシアが戦争をしていたとは、と言える日を早く作る必要があろう。

あとがき

私は、地域研究として中東イスラームを対象にし、学問分野として国際関係学をやってきた。しかし次第に、戦争の原因に興味を持ち、また私たちの身近な貧困・格差の問題を平和学の枠組みで考えるようになった。その後、広い意味での福祉を研究する必要があると思い、さらに宗教や宇宙、人間以外の非情なども視野に入れて、幸福平和学の構築を目指すようになった。

一つの問題を探究せず、枠組みが広がってしまったかもしれない。幸福平和学とは、いかにも怪しい名前であると私も思っていた。しかし、幸福と平和が人類究極の問題であるので、これ以上の名前はないと今では考えている。

本書に対して、どのような批判がくるのかは、大体わかっている。しかし、人生いつ何が起こるかわからないので、今自分が、一番書きたいものを書いた。この本には、現時点での私の全てが入っている。この程度のものでも、現在の私の最高到達点である。

本書が、戦争や貧困・格差、様々な不幸な状況にいる方々に、勇気や希望を与え、その原因や解決方法を理解し、変革への第一歩となるのなら、望外の喜びである。

私の大学での恩師である中西治先生に捧げる本を今まで出せずにいた。先生が亡くなり何年も経ってから、やっと出せるようになった不肖の弟子をお許しいただきたい。

中西先生は、本当に厳しく、温かな先生であった。世界が激動する現在、先生ならどのように発言されるのかといつも考えている。

中西先生から、現に生起する問題についても、数年後に読んで恥ずかしくないものを書けと言われてきた。また、私が大学教員になる時、学生を教室に入る前と出た後では、違う人間にしなさいとも言われた。努力はしているつもりだが、先生に褒めていただけるか、心もとない。弟子を見れば師匠がわかるとの言葉を胸に刻み、さらに精進するつもりである。

本書を中西治先生に捧げる。

山田鋭夫 , 2022,『ウェルビーイングの経済』藤原書店。
山田利一 , 2023,「ユダヤ文化としてのハリウッド映画産業」『北洋大学紀要』2 号、北洋大学。
山本聡美 , 2021,「中世仏教説話画に描かれた病と障害」『障害史研究』2 号、九州大学大学院比較社会文化研究院。
山本眞人 , 2022,『コモンズ思考をマッピングする－ポスト資本主義的ガバナンスへ』B・M・FT 出版部。
山森亮 , 2009,『ベーシック・インカム入門　無条件給付の基本所得を考える』光文社。
湯浅誠 , 2008,『反貧困－「すべり台社会」からの脱出』岩波書店。
油井大三郎 , 2004,「世界史認識と平和」藤原修他編『グローバル時代の平和学 1　いま平和とは何か　平和学の理論と実践』法律文化社。
油井大三郎 , 2023,「NATO の東方拡大は戦争を抑止したのか」南塚信吾、油井大三郎、木畑洋一他著『軍事力で平和は守れるのか　歴史から考える』岩波書店。
兪炳匡 , 2021,『日本再生のための「プラン B」 医療経済学による所得倍増計画』集英社。
吉田久一 , 2003,『社会福祉と日本の宗教思想－仏教・儒教・キリスト教の福祉思想－』勁草書房。
ラーガヴァン , スレン , 2014,「仏教の（脱）民族化－グローバル化した世界秩序のために」『東洋学術研究』53 巻 2 号、東洋哲学研究所。
ラブキン , ヤコブ , 2012,『イスラエルとは何か』平凡社。
ラミス , C・ダグラス , 2000,『憲法と戦争』晶文社。
ラミス , C・ダグラス , 2009,『ガンジーの危険な平和憲法案』集英社。
若原正巳 , 2016,『ヒトはなぜ争うのか　進化と遺伝子から考える』新日本出版社。

前田幸男 ,2023b,『「人新世」の惑星政治学』青土社。
真崎克彦 ,2015,「脱成長論の意義と課題－文明論として､実践論として」『国際開発研究』24 巻 2 号、国際開発学会。
松井孝典 ,2003,『宇宙人としての生き方－アストロバイオロジーへの招待－』岩波書店。
松岡幹夫 ,2008,『現代思想としての日蓮』長崎出版。
松岡幹夫 ,2014,『平和をつくる宗教　日蓮仏法と創価学会』第三文明社。
松岡幹夫 ,2020a,『創価学会の思想的研究　上巻　平和・非暴力編』第三文明社。
松岡幹夫 ,2020b,『創価学会の思想的研究　下巻　人権・共生編』第三文明社。
松木武彦 ,2001,『人はなぜ戦うのか　考古学から見た戦争』講談社。
松村圭一郎 ,2021,『くらしのアナキズム』ミシマ社。
松本直子 ,2017,「人類史における戦争の位置づけ　考古学からの考察」『現代思想』45 巻 12 号、青土社。
馬淵浩二 ,2021,『連帯論　分かち合いの論理と倫理』筑摩書房。
ミアシャイマー ,J.,2022,「この戦争の最大の勝者は中国だ」『文藝春秋』6 月号、文藝春秋社。
三浦展 ,2022,『永続孤独社会　分断か、つながりか？』朝日新聞出版。
水野和夫 ,2017,『閉じてゆく帝国と逆説の 21 世紀経済』集英社。
南塚信吾 ,2023,「ウクライナ戦争はどのようにして起こったのか」南塚信吾､油井大三郎､木畑洋一他著『軍事力で平和は守れるのか　歴史から考える』岩波書店。
三牧聖子 ,2022,「『人道』に潜むレイシズム　ウクライナとアフガニスタン、２つの人道危機」『立教アメリカンスタディーズ』44 号、立教大学。
三宅敬誠 ,1999,『宗教と社会福祉の思想』東方出版。
宮本太郎 ,2009,『生活保障　排除しない社会へ』岩波書店。
宮本太郎 ,2017,『共生保障　＜支え合い＞の戦略』岩波書店。
向井直巳 ,2014,「ユダヤ移民とパレスチナ問題」山室信一他編『現代の起点　第一次世界大戦　第 4 巻　遺産』岩波書店。
村岡潔 ,2021,「総説　≪類的病者論≫と≪異邦人的接遇≫－共生とヘルスケア原論」『佛教大学総合研究所共同研究成果報告論文集』9 号。
毛利衛 ,2011,『宇宙から学ぶ　ユニバソロジのすすめ』岩波書店。
森伸生 ,2002,「サダカ」大塚和夫他編『岩波　イスラーム辞典』岩波書店。
山我哲雄 ,2003,『聖書時代史　旧約篇』岩波書店。
山極寿一 ,2007a,『暴力はどこから来たか　人間性の起源を探る』日本放送出版協会。
山極寿一編 ,2007b,『シリーズ　ヒトの科学　1　ヒトはどのようにしてつくられたか』岩波書店。
山極寿一 ,2023,『共感革命　社交する人類の進化と未来』河出書房新社。
山極寿一、小原克博 ,2019,『人類の起源、宗教の起源　ホモ・サピエンスの「信じる心」が生まれるとき』平凡社。
山崎達也 ,2015,「イスラームから仏教への哲学的呼びかけ－存在一性論と空の哲学－」『大乗仏教の挑戦 10　宗教間対話に向けて』東洋哲学研究所。

長時代の幸福・価値・社会構想』ミネルヴァ書房。
広井良典 ,2021,『無と意識の人類史　私たちはどこへ向かうのか』東洋経済新報社。
広井良典 ,2023,『科学と資本主義の未来　＜せめぎ合いの時代＞を超えて』東洋経済新報社。
深見浩一郎 ,2017,『巨大企業は税金から逃げ切れるか？　パナマ文書以後の国際租税回避』光文社。
深谷舜 ,2022,「複眼的思考による＜人新世＞の深化－クリストフ・ボヌイユ、ジャン＝バプティスト・フレソズ『人新世とは何か』を読む－」『Quadrante』24 号、東京外国語大学海外事情研究所。
福井勝義 ,1999,「戦いの進化と民族の生存戦略」国立歴史民俗博物館監修『人類にとって戦いとは 1　戦いの進化と国家の生成』東洋書林。
福島泰樹 ,2015,「悲しみの日蓮－死者・回向・葬式仏教」上杉清文他編『シリーズ日蓮第 5 巻　現代世界と日蓮』春秋社。
福富満久 ,2023a,「イスラエル vs ハマス　第 5 次中東戦争に突入か」『週刊エコノミスト』10 月 31 日号、毎日新聞出版。
福富満久 ,2023b,「虐げられてきた中東の反乱　欧米列強は『恥を知れ』」『週刊エコノミスト』11 月 28 日号、毎日新聞出版。
藤岡惇 ,2004,「軍縮の経済学」磯村早苗他編『グローバル時代の平和学 2　いま戦争を問う』法律文化社。
藤木健二 ,2018,「近世オスマン帝国都市の慈善と救貧」『史学』Vol. 87, No. 3、三田史学会、141-160。
藤島皓介 ,2015,「宇宙生物学入門　生命の起源、分布、未来を考える」『Keio SFC journal』15 巻 1 号、慶應義塾大学湘南藤沢学会。
藤原哲 ,2018,『日本列島における戦争と国家の起源』同成社。
仏教哲学大辞典編纂委員会編 ,2000,『仏教哲学大辞典　第三版』創価学会。
保坂俊司 ,2008,『ブッダとムハンマド　開祖でわかる仏教とイスラム教』サンガ。
保坂俊司 ,2016,「日本的『平和』思想の淵源を訊ねて」『比較文明研究』21 号、麗澤大学比較文明文化研究センター。
堀日亨編 ,1952,『日蓮大聖人御書全集』創価学会。
前田幸男 ,2018,「気候変動問題から見る『惑星政治』の生成－『人新世』時代に対応するための理論的諸前提の問い直し」『境界研究』No. 8、北海道大学スラブ・ユーラシア研究センター
前田幸男 ,2021,「ノン・ヒューマンとデモクラシー序説－ヒトの声だけを拾えば済む時代の終焉へ」『年報政治学』2021 － II、日本政治学会。
前田幸男 ,2022,「保健と批判的安全保障－人命は防衛されなければならない？」南山淳、前田幸男編『批判的安全保障　アプローチとイッシューを理解する』法律文化社。
前田幸男 ,2023a,「ノン・ヒューマンの政治理論からの『持続可能な開発目標』の再構成－いのちの循環を自覚できる主体の立ち上げのために－」『国際政治』208 号、日本国際政治学会。

仏教福祉』法蔵館。
長田こずえ , 2005,「アラブ・イスラム地域における障害者に関する重要課題と障害者支援アプローチに関する研究」独立行政法人国際協力機構客員研究員報告書。
中西治 , 2014,「ビッグ・ヒストリーとは何か」『地球宇宙平和研究所所報　ビッグ・ヒストリー入門』8 号、地球宇宙平和研究所。
中野佳裕 , 2014,「時代の分岐点としてのガンディー思想－石井一也著『身の丈の経済論』への招待」『社会科学ジャーナル』78、国際基督教大学。
中藤玲 , 2021,『安いニッポン　「価格」が示す停滞』日本経済新聞出版本部。
中見真理 , 2009,「ジーン・シャープの戦略的非暴力論」『清泉女子大学紀要』57 号、清泉女子大学。
仲村和代他 , 2019,『大量廃棄社会　アパレルとコンビニの不都合な真実』光文社。
西田正規 , 2007,『人類史のなかの定住革命』講談社。
沼野充義編 , 1999,『ユダヤ学のすべて』新書館。
野村卓他 , 2022,「動物園と学校教育との連携教育の枠組み－共有概念としての動物福祉とエージェンシー」『ESD 環境教育研究』24 巻 1 号、北海道教育大学釧路校 ESD 推進センター。
橋本健二 , 2020,『＜格差＞と＜階級＞の戦後史』河出書房新社。
長谷川匡俊 , 2021,『仏教福祉の考察と未来－仏教の死生観』図書刊行会。
八窪清 , 2010,「宗教を前提にした福祉のあやうさについて－『人間福祉の哲学』への問い－」『関西福祉大学社会福祉学部研究紀要』13 号、関西福祉大学。
ハッドゥーリー , マジード , 2013,「原訳者による序説」マジード・ハッドゥーリー原訳、眞田芳憲訳『イスラーム国際法　シャイバーニーのスィヤル』中央大学出版部。
花野充道 , 2014,「日蓮の生涯とその思想」小松邦彰他編『シリーズ日蓮　第 2 巻　日蓮思想とその展開』春秋社。
浜渦辰二 , 2023,「医療におけるスピリチュアルケアの源流となった三人」『グリーフケア』11 号、上智大学グリーフケア研究所。
早尾貴紀 , 2023,「『ガザの抵抗』『ガザの反撃』が意味するもの　パレスチナ収奪の歴史を見ない戦局談義はイスラエルへの同化だ」『週刊金曜日』1445 号、金曜日。
林佳世子 , 2008,『オスマン帝国 500 年の平和』講談社。
林雅秀、金澤悠介 , 2014,「コモンズ問題の現代的変容－社会的ジレンマ問題をこえて－」『理論と方法』29 巻 2 号、数理社会学会。
原田泰 , 2015,『ベーシック・インカム　国家は貧困問題を解決できるか』中央公論新社。
東大作 , 2023,『ウクライナ戦争をどう終わらせるか－「和平調停」の限界と可能性』岩波書店。
平井文子 , 2012,『アラブ革命への視角　独裁政治、パレスチナ、ジェンダー』かもがわ出版。
広井良典 , 2009,『グローバル定常型社会　地球社会の理論のために』岩波書店。
広井良典 , 2015,『ポスト資本主義　科学・人間・社会の未来』岩波書店。
広井良典 , 2017,「なぜいま福祉の哲学か」広井良典編『福祉の哲学とは何か－ポスト成

大学付属図書館付設記録資料館九州文化史資料部門。
高畠通敏 , 1976,『政治学への道案内』三一書房。
田上孝一 , 2021,『はじめての動物倫理学』集英社。
瀧川裕英 , 2014,「正義の宇宙主義から見た地球の正義」宇佐美誠編『グローバルな正義』勁草書房。
竹沢尚一郎 , 2023,『ホモ・サピエンスの宗教史　宗教は人類になにをもたらしたのか』中央公論新社。
武田知弘 , 2014,『「新富裕層」が日本を滅ぼす　金持ちが普通に納税すれば消費税はいらない！』中央公論新社。
竹村典良 , 2022,「『宇宙グリーン犯罪学』と『宇宙環境刑法』の基本構想－宇宙資本主義・人新世に基づく宇宙探査・開拓・開発批判」『桐蔭法学』29 巻 1 号、桐蔭法学会。
立川雅司 , 2019,「分野別研究動向（人新世）－人新世概念が社会学にもたらすもの－」『社会学評論』70 巻 2 号、日本社会学会。
橘木俊詔 , 2013,『「幸せ」の経済学』岩波書店。
橘木俊詔 , 2016,『21 世紀日本の格差』岩波書店。
橘木俊詔 , 2021,『日本の構造　50 の統計データで読む国のかたち』講談社。
立花隆 , 1985,『宇宙からの帰還』中央公論社。
立山良司 , 2016,『ユダヤとアメリカ　揺れ動くイスラエル・ロビー』中央公論新社。
立山良司 , 2021,「激化したイスラエル・パレスチナ対立　大規模衝突が明らかにした紛争の多面性」『国際問題』702 号、日本国際問題研究所。
田畑茂二郎 , 1994,「世界政府論の提起するもの」『世界法年報』14 号、Japanese Association of World Law。
塚原東吾 , 2020,「気候正義と科学史：科学論の観点から見て『人新世』が提起していること」『地質学史懇話会会報』54 号、地質学史懇話会。
出川展恒 , 2022,「存在感増すトルコの仲介外交　大統領再選と建国 100 年にらみ」『季刊アラブ』日本アラブ協会。
テヘラニアン , マジッド、池田大作 , 2000,『二十一世紀への選択』潮出版社。
暉峻衆三 , 2008,「私にとってのマルクス」『季論 21』創刊号、本の泉社。
東京新聞社会部 , 2019,『兵器を買わされる日本』文藝春秋。
土佐弘之 , 2020,『ポスト・ヒューマニズムの政治』人文書院。
豊島久雄、赤瀬朋秀 , 2022,「日本人における well-being に関する変遷の研究－最適なスコアにおける幸福度の構成因子と情動の関連に関する成果を中心に－」『Kokusai-Joho』7 巻 1 号、日本国際情報学会。
内藤陽介 , 2001,『なぜイスラムはアメリカを憎むのか』ダイヤモンド社。
中垣昌美 , 2008,「仏教社会福祉学研究の動向と実践課題再考」長上深雪編『現代に生きる仏教福祉』法蔵館。
中川秀一 , 2023,「日本におけるコモンズ論に関する文献の整理－多様な展開の理解のための覚え書き」『法政理論』55 巻 4 号、新潟大学法学会。
長崎陽子 , 2008,「仏教社会福祉における仏教思想の必要性」長上深雪編『現代に生きる

佐藤弘夫 , 2014,「日蓮の国家観」小松邦彰他編『シリーズ日蓮　第 2 巻　日蓮思想とその展開』春秋社。
佐藤優 , 2022,『プーチンの野望』潮出版社。
眞田芳憲 , 2000,『イスラーム法の精神』改訂増補版、中央大学出版部。
佐原真 , 2005,『佐原真の仕事４　戦争の考古学』岩波書店。
更科功 , 2022,『禁断の進化史　人間は本当に「賢い」のか』NHK 出版。
澤野純一 , 2011,「仏教と社会福祉の関係性に対する試論」『花園大学社会福祉学部研究紀要』第 19 号、花園大学社会福祉学部。
塩尻和子 , 2007,『イスラームを学ぼう　実りある宗教間対話のために』秋山書店。
塩谷昌史 , 2023,「『超限戦』としてのウクライナ紛争 (2022 年 2 月～ 9 月)」『経済学雑誌』123 巻 2 号、大阪市立大学経済学会。
志賀櫻 , 2013,『タックス・ヘイブン－逃げていく税金』岩波書店。
篠原雅武 , 2020,『「人間以後」の哲学　人新世を生きる』講談社。
柴田悠 , 2017,『子育て支援と経済成長』朝日新聞社。
芝田裕之 , 2023,「訳者あとがき」芝田裕之訳『レジリエンスの時代　再野生化する地球で、人類が生き抜くための大転換』集英社。
嶋田義仁 , 2003,「悪や不幸をどのように説明するのか－災因論からみたイスラーム、キリスト教、仏教の比較の試み－」『宗教哲学研究』20 巻、宗教哲学会。
進藤榮一 , 2017,『アメリカ帝国の終焉　勃興するアジアと多極化世界』講談社。
神野直彦 , 2017,「『分断』と『奪い合い』を越えて－どんな社会を目指すのか」神野直彦他編『「分かち合い」社会の構想』岩波書店。
末木文美士 , 2023,『絶望でなく希望を　明日を生きるための哲学』ぷねうま舎。
菅豊 , 2013,「現代コモンズに内在する排除の論理」『大原社会問題研究所雑誌』655 号、法政大学大原社会問題研究所。
杉本良男 , 2018,『ガンディー　秘教思想が生んだ聖人』平凡社。
鈴木一人 , 2014,「グローバル・コモンズとしての宇宙におけるガバナンス構築と日米関係」『グローバル・コモンズ（サイバー空間、宇宙、北極海）における日米関係の新しい課題』日本国際問題研究所。
鈴木潤 , 2020,『仏法と科学からみた感染症』潮出版社。
鈴木董 , 1997,『オスマン帝国とイスラム世界』東京大学出版会。
須本良夫、浅野光俊 , 2022,「動物の幸せを考える生命倫理の授業の研究 (1)：牛乳廃棄の授業から考える経済動物とは」『岐阜大学教育学部研究報告　人文科学』70 巻 2 号。
セリーム , ムハンマド , 2010,「仏教とイスラームの対話：その前提と展望」『東洋学術研究』49 巻 2 号、東洋哲学研究所。
総合地球環境学研究所 , 2022,『共感から共歓への昇華を目指して：レジリエンス人類史総合討論』総合地球環境学研究所。
平朝彦 , 2023,「人新世の地質学」『科学』93 巻 12 号、岩波書店。
高石史人 , 2005,『仏教福祉への視座』永田文昌堂。
高野信治 , 2018,「近世仏教説話にみる＜障害＞」『九州文化史研究所紀要』61 号、九州

菊池理夫 , 2010,「日本におけるコミュニタリアニズムの可能性」広井良典他編『持続可能な福祉社会へ　公共性の視座から　1　コミュニティ』勁草書房。
菊池結 , 2015,「日本仏教福祉論の展開－『仏教社会福祉』の定義をめぐる議論に焦点をあてて－」『大正大学大学院研究論集』39 号、大正大学。
木村富美子 , 2013,「社会保障とベーシック・インカム」『通信教育部論集』16 号、創価大学通信教育部学会。
キンガ , ソナム , 2022,「宗教とレジリエンス－コロナ禍におけるブータン中央僧団の役割」『東洋学術研究』61 巻 1 号、東洋哲学研究所。
クーリエ・ジャポン編 , 2021,『新しい世界　世界賢人 16 人が語る未来』講談社。
久保田さゆり , 2022,「動物のウェルフェアをめぐる理解と肉食主義」『現代思想　肉食主義を考える』50 巻 7 号、青土社。
加三千宣、齋藤文紀 , 2023,「地質時代としての人新世の定義」『科学』93 巻 12 号、岩波書店。
孝橋正一 , 1994,「仏教社会事業の研究方法」田宮仁他編『仏教と福祉』北辰堂。
狐野利久 , 2004,『イスラームのこころ真宗のこころ』法蔵館。
小林直樹 , 2006,「総合人間学の課題と方法」小林直樹編『シリーズ総合人間学 1　総合人間学への試み　新しい人間学に向けて』学文社。
小林直樹 , 2008,「暴力考（I）－人間学的視点から」『国家学会雑誌』121 巻 3・4 号。
小林正博 , 2006,「日蓮に見る安穏思想」『東洋哲学研究所紀要』22 号、東洋哲学研究所。
小林正博 , 2007,「日蓮の平和論」『東洋学術研究』46 巻 2 号、東洋哲学研究所。
小林正博 , 2022,「安穏といくさ－平和論」東洋哲学研究所編『日蓮の心』第三文明社。
小林正弥 , 2021,『ポジティブ心理学　科学的メンタル・ウェルネス入門』講談社。
小林美希 , 2022,『年収 443 万円　安すぎる国の絶望的な生活』講談社。
駒村康平 , 2015,『中間層消滅』KADOKAWA。
小村優太 , 2013,「イスラームにおける障害の表現」石原幸二、稲原美苗編『共生のための障害の哲学―身体・語り・共同性をめぐって―』UTCP Uehiro Booklet (2)、東京大学共生のための国際哲学センター。
近藤克則 , 2010,『「健康格差社会」を生き抜く』朝日新聞社。
近藤克則 , 2017,『健康格差社会への処方箋』医学書院。
斎藤幸平 , 2020,『人新世の「資本論」』集英社。
斎藤幸平 , 2023,『ゼロからの「資本論」』NHK 出版。
酒井啓子 , 2023,「読書･観賞日記　読んで、観て、聴いて　人間を描く作品たち」『世界』12 月号、岩波書店。
酒井英樹 , 2022,「おわりに」創価学会学術部・ドクター部編『危機の時代を生きる２』潮出版社。
榊原哲也 , 2018,『医療ケアを問いなおす－患者をトータルにみることの現象学』筑摩書房。
佐々木諭 , 2022,「感染症対策からの一考察」創価学会学術部・ドクター部編『危機の時代を生きる２』潮出版社。
佐藤成基 , 2014,『国家の社会学』青弓社。

理―」『印度學仏教學研究』47 巻 1 号。
岡田真美子 , 2015,「環境と共生」上杉清文他編『シリーズ日蓮　第 5 巻　現代世界と日蓮』春秋社。
岡野八代 , 2007,「平和を求める―安全保障からケアへ―」太田義器他編『悪と正義の政治理論』ナカニシヤ出版。
岡野八代 , 2015,『戦争に抗する―ケアの倫理と平和の構想』岩波書店。
岡野八代 , 2024,『ケアの倫理―フェミニズムの政治思想』岩波書店。
岡部和雄 , 1987,「業と平和思想」『東洋学術研究』26 巻 2 号、東洋哲学研究所。
岡壇 , 2013,『生き心地の良い町　この自殺率の低さには理由がある』講談社。
小川忠 , 2021,「日本宗教とイスラームのパンデミック認識：禍難を乗り越える手段として」『跡見学園女子大学人文学フォーラム』19 号、跡見学園女子大学。
奥野克己 , 2020,「『人間以上』の世界の病原体　多種の生と死をめぐるポストヒューマニティーズ」『現代思想 5　感染 / パンデミック―新型コロナウイルスから考える』48 巻 7 号、青土社。
小田亮 , 2011,『利他学』新潮社。
小田桐確 , 2022,「グレン・D・ペイジ著『殺戮なきグローバル政治』」『人権を考える』25 号、関西外国語大学。
小田淑子 , 2020,「宗教学からみたイスラームと日本的宗教」日本のイスラームとクルアーン編集委員会編『日本のイスラームとクルアーン　現状と展望』晃洋書房。
片山博文 , 2008,「環境財政構想としてのベーシック・インカム」『桜美林エコノミックス』55 号、桜美林大学。
片山博文 , 2023,「宇宙飛行士による＜宇宙的視点＞の諸相」『桜美林大学研究紀要　総合人間科学研究』3 号、桜美林大学。
加藤博 , 2010,『イスラム経済論　イスラムの経済倫理』書籍工房早山。
加藤理絵 , 2023,「ポジティブ心理学からの死生観育成支援の再考：動物看護学生を対象としたプログラム実践の試み」『グリーフケア』11 号、上智大学グリーフケア研究所。
金子真夕 , 2023,「ウクライナ戦争がトルコに与える影響－トルコにもたらす好機と危機」『中東研究』546 号、中東調査会。
鴨下まり子 , 2002,「サイクス・ピコ協定」「バルフォア宣言」「フサイン・マクマホン書簡」「シオニズム」『岩波イスラーム辞典』岩波書店。
萱野稔人 , 2005,『国家とは何か』以文社。
萱野稔人 , 2006,『カネと暴力の系譜学』河出書房新社。
川合伸幸 , 2015,『ヒトの本性　なぜ殺し、なぜ助け合うのか』講談社。
川田洋一 , 2006,「法華経に見る平和思想」『東洋学術研究』45 巻 2 号、東洋哲学研究所。
川田洋一 , 2007,「『原水爆禁止宣言』五十周年に寄せて」東洋哲学研究所編『平和を目指す仏教　大乗仏教の挑戦 2 』東洋哲学研究所。
カワチ , イチロー , 2013,『命の格差は止められるか』小学館。
ガンディー , 2001, 森本達雄訳『非暴力の精神と対話』第三文明社。

伊藤恭彦 , 2010,『貧困の放置は罪なのか　グローバルな正義とコスモポリタニズム』人文書院。
伊藤恭彦 , 2012,『さもしい人間　正義をさがす哲学』新潮社。
伊藤恭彦 , 2017,「グローバリゼーションと政府－世界政府とグローバル・ガバナンス－」菊池理夫他編『政府の政治理論－思想と実践』晃洋書房。
稲泉連 , 2019,『宇宙から帰ってきた日本人　日本人宇宙飛行士全 12 人の証言』文藝春秋。
稲葉洋二 , 2011,『ソーシャル・キャピタル入門　孤立から絆へ』中央公論新社。
稲村哲也 , 2022,「セルフ・ドメスティケーション（自己家畜化）」稲村哲也他編『レジリエンス人類史』京都大学出版会。
井上大介 , 2022,「感染症を巡る宗教と社会」創価学会学術部・ドクター部編『危機の時代を生きる２』潮出版社。
今井宏平編 , 2022a,『教養としての中東政治』ミネルヴァ書房。
今井宏平 , 2022b,「ウクライナ戦争をめぐるトルコの対応―積極的中立と世論調査の変化から読み解く」『IDE スクエア　世界を見る眼』アジア経済研究所。
今井宏平 , 2023,「大国の隣で生きる－フィンランドとトルコ」『IDE スクエア　世界を見る眼』アジア経済研究所。
岩木秀樹 , 2018,『中東イスラームの歴史と現在―平和と共存をめざして』第三文明社。
岩木秀樹 , 2020,『共存と福祉の平和学―戦争原因と貧困・格差』第三文明社。
岩田靖夫 , 2008,『いま哲学とはなにか』岩波書店。
上野成利 , 2006,『暴力』岩波書店。
上村雄彦 , 2016,『不平等をめぐる戦争　グローバル税制は可能か』集英社。
臼杵陽 , 2009,『イスラエル』岩波書店。
臼杵陽 , 2013,『世界史の中のパレスチナ問題』講談社。
臼杵陽 , 2023,「ハマースはなぜイスラエル攻撃に至ったのか」『世界』12 月号、岩波書店。
「宇宙の人間学」研究会編 , 2015,『なぜ、人は宇宙をめざすのか　「宇宙の人間学」から考える宇宙進出の意味と価値』誠文堂新光社。
枝廣淳子他 , 2011,『GNH（国民総幸福）―みんなでつくる幸せ社会へ』海象社。
枝廣淳子 , 2015,『レジリエンスとは何か : 何があっても折れないこころ、暮らし、地域、社会をつくる』東洋経済新報社。
大川玲子 , 2004,『聖典「クルアーン」の思想　イスラームの世界観』講談社。
大川玲子 , 2018,『クルアーン　神の言葉を誰が聞くのか』慶應義塾大学出版会。
大川玲子 , 2021,『リベラルなイスラーム　自分らしくある宗教講義』慶應義塾大学出版会。
太田康夫 , 2020,『スーパーリッチ―世界を支配する新勢力』筑摩書房。
大庭弘継 , 2018,「宇宙における安全保障―宇宙の武装化は阻止できるか」伊勢田哲治他編『宇宙倫理学』昭和堂。
岡田浩樹 , 2014,「『宇宙文化学』の創造―文化人類学の観点から―」『宇宙航空研究開発機構研究開発資料』JAXA-RM-13-020。
岡田真美子 , 1998,「仏教説話におけるエコパラダイム―仏教説話文献の草木観と環境倫東京大学社会科学研究所。
池内恵 , 2022,「ロシア・ウクライナ戦争をめぐる中東諸国の外交」『ウクライナ戦争と世界のゆくえ』東京大学出版会。
池田寛二 , 2019,「サステイナビリティ概念を問い直すー人新世という時代認識の中でー」『サステイナビリティ研究』9 巻、法政大学サステイナビリティ研究センター。
池田大作 , 1991,『池田大作全集』3 巻、聖教新聞社。
池田大作、ガルトゥング , ヨハン , 1995,『対談　平和への選択』毎日新聞社。
池田大作 , 2004,『新・人間革命』6 巻、聖教新聞社。
池田喬 , 2022,「肉を食べないことと哲学的な生活への問い」『現代思想　肉食主義を考える』50 巻 7 号、青土社。
石井一也 , 2008,「モハンダース・K・ガンディーの宗教観と基本的諸信条ーマックス・ヴェーバーの『現世逃避型瞑想』と『現世内的禁欲』の概念に照らして」『香川法学』、香川大学法学会。
石井菜穂子 , 2021,「グローバル・コモンズの責任ある管理ー持続可能なシステムの構築」『世界』5 月号、岩波書店。
石川善樹 , 2014,『友だちの数で寿命は決まる　人との「つながり」が最高の健康法』マガジンハウス。
石津朋之 , 2004,「戦争の起源と本質をめぐる試論」石津朋之編『戦争の本質と軍事力の諸相』彩流社。
石弘之 , 2021,「感染症は環境問題」聖教新聞報道局編『危機の時代を生きる』潮出版社。
磯部洋明 , 2012,「人類の宇宙進出の意義に関する検討」『宇宙航空研究開発機構研究開発資料』JAXA-RR-11-006。
磯部洋明 , 2018,「宇宙活動はなぜ倫理学を必要とするか」伊勢田哲治他編『宇宙倫理学』昭和堂。
市川裕 , 2003,「ユダヤ人をユダヤ人にしたもの―トーラーの精神」宮本久雄他編『一神教文明からの問いかけ』講談社。
市川裕 , 2004,『ユダヤ教の精神構造』東京大学出版会。
井筒俊彦訳 , 1957, 1958,『コーラン　上中下』岩波書店。
井手英策他 , 2016,『分断社会を終わらせる「だれもが受益者」という財政戦略』筑摩書房。
井手英策 , 2017,「『奪い合い』から『分かち合い』の財政へ」神野直彦他編『「分かち合い」社会の構想』岩波書店。
井手英策他 , 2018,『未来の再建ー暮らし・仕事・社会保障のグランドデザイン』筑摩書房。
井手英策 , 2018,『幸福の増税論ー財政はだれのために』岩波書店。
伊藤武彦 , 2001,「攻撃と暴力と平和心理学」心理科学研究会編『平和を創る心理学―暴力の文化を克服する―』ナカニシヤ出版。
伊藤誠 , 2011,「ベーシック・インカムの思想と理論」『日本学士院紀要』65 巻 2 号、日本学士院。
伊藤康 , 2017,「環境保全型社会と福祉社会の統合」神野直彦他編『「分かち合い」社会の構想』岩波書店。

Taylor, Sunaura, 2017, *Beasts of Burden: Animal and Disability Liberation*, The New Press. (=2020, 今津有梨訳『荷を引く獣たちー動物の解放と障害者の解放』洛北出版。)
The Care Collective, 2020, *The Care Manifest: The Politics of Interdependence*, Verso. (=2021, 岡野八代他訳『ケア宣言　相互依存の政治へ』大月書店。)
Tufan, Ismail, Yaman, Hakan and Arun, Özgür, 2007, "Disability in Turkey: Suggestions for Overcoming Current Problems," *International Social Work*, Vol. 50, No. 6.
Weber, Max, 1919, *Politik als Beruf*.（=1980, 脇圭平訳『職業としての政治』岩波書店。）
Wrangham, Richard, 2019, The Goodness Paradox: *The Strange Relationship Between Virtue and Violence in Human Evolution*. (=2020, 依田卓巳訳『善と悪のパラドックス　ヒトの進化と＜自己家畜化＞の歴史』NTT 出版。)
Wright, Quincy, 1983, *A Study of War*, 2nd Edition, University of Chicago Press.

【日本語】
生命保険文化センター（https://www.jili.or.jp/lifeplan/houseeconomy/1092.html　2024 年 1 月 2 日アクセス）
東京商工リサーチ（https://www.tsr-net.co.jp/data/detail/1197847_1527.html　2024 年 1 月 2 日アクセス）
三菱 UFJ リサーチ＆コンサルティング（https://www.murc.jp/wp-content/uploads/2023/08/seiken_230814_02_01.pdf　2024 年 1 月 2 日アクセス）
nippon.com（https://www.nippon.com/ja/japan-data/h00857/　2024 年 1 月 2 日アクセス）
WTW（https://www.wtwco.com/ja-jp/news/2023/06/10-year-pay-trends-for-executives-and-employees-in-japan　2024 年 1 月 2 日アクセス）

朝日新聞:2015 年 3 月 13 日付、2023 年 2 月 21 日付、同年 10 月 9･16 日付、同年 11 月 7･30 日付
日本経済新聞：2014 年 3 月 28 日付、2021 年 1 月 19 日付、同年 12 月 27 日付、2022 年 6 月 28 日付、2023 年 4 月 14 日付、同年 10 月 13・16・17 日付、同年 11 月 16・22 日付
読売新聞：2023 年 10 月 30 日付

赤尾光春 , 2022,「ロシア語を話すユダヤ人コメディアン vs ユダヤ人贔屓の元 KGB スパイ」『現代思想　6 月臨時増刊号』50 巻 6 号、青土社。
阿部彩 , 2011,『弱者の居場所がない社会　貧困・格差と社会的包摂』講談社。
阿部憲記 , 2022,「宇宙の安全保障に関する一考察 (1)」『東北法学』56 巻、東北大学東北法学刊行会。
新井政美 , 2009,『オスマン帝国はなぜ崩壊したのか』青土社。
飯島渉 , 2020,「感染症と文明、その中国的文脈について」『現代思想 5　感染 / パンデミックー新型コロナウイルスから考える』48 巻 7 号、青土社。
飯田高 , 2016,「社会規範と利他性―その発現形態について―」『社会科学研究』67 巻 2 号、

Poast, Paul, 2006, *The Economics of War*, The McGraw-Hill Companies. (=2007, 山形浩生訳『戦争の経済学』バジリコ。)

Rabkin, Yakov M., 2004, *Au nom de la Torah: Une histoire de l'opposition juive au sionisme*, Qébec : Les Presses de l'Université Laval.（＝ 2010、菅野賢治訳『トーラーの名において　シオニズムに対するユダヤ教の抵抗の歴史』平凡社。）

Rifkin, Jeremy, 2014, *The Zero Marginal Cost Society: The Internet of Things and The Rise of the Sharing Economy* (=2015, 芝田裕之訳『限界費用ゼロ社会＜モノのインターネット＞と共有型経済の台頭』NHK 出版。)

Rifkin, Jeremy,2022, *The Age of Resilience: Reimagining Existence on a Rewilding Earth*. (=2023, 芝田裕之訳『レジリエンスの時代　再野生化する地球で、人類が生き抜くための大転換』集英社。)

Rogan, Eugene, 2015, *The Fall of the Ottomans: The Great War in the Middle East, 1914-1920*, Penguin Books.

Scheidel, Walter, 2017, *The Great Leveler*, Princeton University Press. (=2019, 鬼澤忍他訳『暴力と不平等の人類史　戦争・革命・崩壊・疫病』東洋経済新報社。)

Scott, David, 1995, "Buddhism and Islam: Past to Present Encounters and Interfaith Lessons," *Numen* , Vol. 42, No. 2, Brill.

Shafik, Minouche, 2021, *What We Owe Each Other: A New Social Contract*.(=2022, 森内薫訳『21世紀の社会契約』東洋経済新報社。)

Sharp, Gene, 2010, *From Dictatorship to Democracy: A Conceptual Framework for Liberation*, The Albert Einstein Institution.（=2012, 瀧口範子訳『独裁体制から民主主義へ　権力に対抗するための教科書』筑摩書房。)

Shiva, Vandana, 2005, *Earth Democracy: Justice, Sustainability, and Peace*, South and Press.（=2007, 山本規雄訳『アース・デモクラシー』明石書店。)

Singer, Amy, 2008, *Charity in Islamic Societies*, Cambridge University Press.

Singer, Peter, 1993, *Practical Ethics*, 2nd Edition, Cambridge University Press. (=1999, 山内友三郎他監訳『実践の倫理　新版』昭和堂。)

Singer, Peter, 2015, *The Most Good You Can Do, Yale University*. (=2015, 関美和訳『あなたが世界のためにできるたったひとつのこと　＜効果的な利他主義の＞のすすめ』NHK 出版。)

Smith, Philip E. L., 1976, *Food Production and Its Consequences*.（=1986, 戸沢充則監訳『農耕の起源と人類の歴史』有斐閣。)

Stiglitz, Joseph and Bilmes, Linda J., 2008, *The Three Trillion Dollar War*, W. W. Norton & Company. (=2008,『世界を不幸にするアメリカの戦争経済　イラク戦費 3 兆ドルの衝撃』徳間書店。)

Stiglitz, Joseph, 2012, *The Price of Inequality*, W.W. Norton & Company. (=2012, 楡井浩一他訳、『世界の 99%を貧困にする経済』徳間書店。)

Storr, Anthony, 1968, *Human Aggression*, Allen Lane The Penguin Press. (=1973, 高橋哲郎訳『人間の攻撃心』晶文社。)

Kamali, Mohammad Hashim, 2013, "Introduction," Ghazi bin Muhammad eds., *War and Peace in Islam: The Uses and Abuses of Jihad*, The Islamic Texts Society.

Karpat, Kemal and Yıldırım, Yetkin eds., 2010, *The Ottoman Mosaic: Exploring Models for Peace by Re-Exploring the Past*, Cune Press.

Kazemi, Shah Reza, 2010, *Common Ground Between Islam & Buddhism*, The Royal Aal al-Bayt Institute for Islamic Thought.

Keegan, John, 1993, *A History of Warfare*. (=1997、遠藤利国訳『戦略の歴史―抹殺・征服技術の変遷 石器時代からサダム・フセインまで』心交社。)

Khadduri, Majid, 1955, *War and Peace in the Law of Islam*, The Johns Hopkins University Press.

Klineberg, Otto, 1964, *Human Dimension in International Relations*, Holt,Rinehart & Winston of Canada. (=1967, 田中良久訳『国際関係の心理－人間の次元において』東京大学出版会。)

Latouche, Serge, 2010, *Pour sortir de la société de consommation*, Les Liens qui Libèrent. (=2013, 中野佳裕訳、『＜脱成長＞は、世界を変えられるか？　贈与・幸福・自律の新たな社会へ』作品社。)

Latouche, Serge, 2019, *La décroissance*, Que sais-je. (=2020, 中野佳裕訳『脱成長』白水社。)

Mearsheimer, John, Stephen Walt, 2007, *The Israel Lobby and U.S. Foreign Policy*, Farrar Straus & Giroux. (＝2007、副島隆彦訳『イスラエルロビーとアメリカの外交政策』1, 2 巻、講談社。)

Miles, M, 2002, "Some Historical Texts on Disability in the Classical Muslim World," *Journal of Religion, Disability & Health*, Vol. 6(2/3).

Mitchell, Edgar, 2007, *The Way of the Explorer*, Career Press Inc. (=2010, 前田樹子訳『月面上の思索』めるくまーる。)

Morelli, Anne, 2001, *Principes Elementaires de Propagande de Guerre*, Les Editions Labor. (=2015, 永田千奈訳『戦争プロパガンダ 10 の法則』草思社。)

Muhammad, Prince Ghazi bin, "Introduction to Common Ground,"　Kazemi, Shah Reza, 2010, *Common Ground Between Islam & Buddhism*, The Royal Aal al-Bayt Institute for Islamic Thought.

Musa, Mohammad Alami, 2015, "Islam and Buddhism: Preserving Harmonious Relations, "*RSIS Commentary,* No. 7, Nanyang Technological University.

Obuse, Kieko, 2015, "Finding God in Buddhism: A New Trend in Contemporary Buddhist Approaches to Islam,"*Numen* , Vol. 62, No. 4, Brill

Paige, Glenn, 2009, *Nonkilling Global Political Science*. (=2019, 酒井英一監訳『殺戮なきグローバル政治学』ミネルヴァ書房。)

Piketty, Thomas, 2013, *Le Capital au XXIe siècle*, Editions du Seuil. (＝2014, 山形浩生他訳『21 世紀の資本』みすず書房。)

Pinker, Steven, 2018, *Enlightenment Now: The Case for Reason, Science, Humanism, and Progress*. (=2019, 橘明美、坂田雪子訳『21 世紀の啓蒙　理性、科学、ヒューマニズム、進歩』上下、草思社。)

Duru-Bellat, Marie, 2014, *Pour une planète Equitable L'urgence d'une justice globale*, Editions du Seuil et la République des Idées.（=2017, 林昌宏訳『世界正義の時代　格差削減をあきらめない』吉田書店。）

Dyer, Gwynne, 2022, *The Shortest History of War*.（=2023、月沢李歌子訳『戦争と人類』早川書房。）

Eibl-Eibesfeldt, Irenaus, 1975, *Krieg und Frieden*, R. Piper & Co. (=1978, 三島憲一他訳『戦争と平和　下』思索社。）

Ghaly, Mohammed, 2010, *Islam and Disability: Perspectives in Theology and Jurisprudence*, Routledge.

Giddens, Anthony, 1985, *The Nation-State and Violence*, Polity Press.（=1999, 松尾精文他訳『国民国家と暴力』而立書房。）

Giddens, Anthony, 1989, *Sociology*, Polity Press. (=1992, 松尾精文訳『社会学』而立書房。）

Graeber, David and Wengrow, David, 2021, *The Dawn of Everything: A New History of Humanity*, Allen Lane. (=2023, 酒井隆史訳『万物の黎明　人類史を根本からくつがえす』光文社。）

Grossman, David, 1995, *On Killing*, (=2004, 安原和見訳『戦争における「人殺し」の心理学』筑摩書房。）

Gustafson, Lowell, 2017, "Identity and Big Geopolitics," 中西治編『宇宙学と現代世界』地球宇宙平和研究所。

Hanioğlu, M. Şükrü, 2008, *A Brief History of the Late Ottoman Empire*, Princeton University Press.

Harari, Yuval Noah, 2011, *Sapiens: A Brief History of Humankind*, Vintage.（=2016, 柴田裕之訳『サピエンス全史』上下、河出書房新社。）

Hardin, G., 1968, "The Tragedy of the Commons,"*Science*, No. 162.

Hasnain, Rooshey, Shaikh, Laura Cohon and Shanawani, Hasan, 2008, *Disability and the Muslim Perspective: An Introduction for Rehabilitation and Health Care Providers*, Center for International Rehabilitation Research Information & Exchange.

Heckman, James Joseph, 2013, *Giving Kids a Fair Chance: A Strategy that Works*（*Boston Review Books*), MIT Press.（= 2015, 古草秀子訳『幼児教育の経済学』東洋経済新報社。）

Hickel, Jason, 2020, *Less Is More: How Degrowth Will Save The World*, Cornerstone.(=2023, 野中香方子訳『資本主義の次に来る世界』東洋経済新報社。）

Hinnebusch, Raymond, 2003, *The International Politics of Middle East*, Manchester University Press.

Huda, Qamar-ul ed., 2010, *Crescent and Dove Peace and Conflict Resolution in Islam*, United States Institute of Peace Press.

İpek, Egemen, 2019, "The cost of Disability in Turkey," *Journal of Family and Economic Issues*, Springer.

Kallis, Giorgos, et al., 2020, *The Case for Degrowth*, Polity Press.（=2021, 上原由美子、保科京子訳『なぜ、脱成長なのか　分断・格差・気候変動を乗り越える』NHK 出版。）

トリー』光文社。)

Amjad-Ali, Charles W., 2009, " Jihad and Just War Theory: Dissonance and Truth ," *Dialog: A Journal of Theology*, Vol. 48, No. 3.

Atkinson, Anthony, 2015, *Inequality: What Can Be Done*, Harvard University Press. (=2015, 山形浩生他訳『21 世紀の不平等』東洋経済新報社。)

Banerjee, Abhijit and Duflo, Esther, 2019, *Good Economics for Hard Times*. (=2020, 村井章子訳『絶望を希望に変える経済学　社会の重大問題をどう解決するか』日本経済新聞出版。)

Bartolini, Stefano, 2010, *Manifesto per la felicita: Come passare dalla societa del ben-avere a quella del ben-essere*, Donzelli Editore. (=2018, 中野佳裕訳『幸せのマニフェスト　消費社会から関係の豊かな社会へ』コモンズ。)

Berghahn, Volker R., 1986, *Militarismus: Die Geschichte einer internationalen Debatte*, Berg Publishers. (=1991, 三宅正樹訳『軍国主義と政軍関係』南窓社。)

Bowles, Samuel, and Gintis, Herbert, 2011, *A Cooperative Species: Human Reciprocity and Its Evolution*, Princeton University Press. (=2017, 大槻久他訳『協力する種　制度と心の共進化』NTT 出版。)

Bowles, Samuel, 2016, *The Moral Economy: Why Good Incentives Are No Substitute for Good Citizens*, Yale University Press.(=2017, 植村博恭他訳『モラル・エコノミー　インセンティブか善き市民か』NTT 出版。)

Bozna, Maysaa and Hatab, Tarek, 2005, "Disability in the Qur'an: The Islamic Alternative to Defining, Viewing, and Relating to Disability," *Journal of Religion, Disability & Health*, Vol. 9 No. 1.

Brodie, Bernard, 1973, *War & Politics*, Macmillan.

Christian, David et al., 2014, *Big History: Between Nothing and Everything*, McGraw- Hill Education. (=2016, 石井克弥他訳『ビッグヒストリー：われわれはどこから来て、どこへ行くのか』明石書店。)

Christian, David, 2018, *Origin Story: A Big History of Everything*, Little, Brown and Company. (=2019, 柴田裕之訳『オリジン・ストーリー　138 億年全史』筑摩書房。)

Christian, David, 2022, *Future Stories: What's Next ?*, Little, Brown Spark. (=2022, 水谷淳他訳『「未来」とは何か－1 秒先から宇宙の終わりまで見通すビッグ・クエスチョン』ニューズピックス。)

Crutzen, P.J. and Stoermer, E.F., 2000, "The Anthropocene," *Global Change Newsletter*, 41, International Geosphere-Biosphere Programme.

Dagli, Caner, 2013, "Jihad and The Islamic Law of War, " Ghazi bin Muhammad eds., *War and Peace in Islam: The Uses and Abuses of Jihad*, The Islamic Texts Society.

Dean, Hartley and Khan, Zafer, 1997, "Muslim Perspective on Welfare," *Journal of Social Policy*, Vol. 26, No. 2, Cambridge University Press.

De Waal, Frans, 2009, *The Age of Empathy: Nature's Lessons for Kinder Society*. (=2010, 柴田裕之訳『共感の時代へ　動物行動学が教えてくれること』紀伊國屋書店。)

参　考　文　献

【トルコ語】

Cumhuriyet：2022 年 7 月 27 日付

Hürriyet：2022 年 3 月 10 日付

Akar, Muhlis, "Müzakere, 2006," *Dinin Dünya Barışına Katkısı*, Türkiye Diyanet Vakfı Yayınları.

Balcı, İsrafil, 2011, *İlk İslam Fetihleri Savaş - Barış İlişkisi*, Pınar Yayınları.

Doğan, Recai, 2006,"Nitelikli Din Eğitim-Öğretiminin Sosyal ve Evrensel Barışa Katkısı" *Dinin Dünya Barışına Katkısı*, Türkiye Diyanet Vakfı Yayınları.

Ortaylı, İlber, 2009, *Osmanlı'yı Yeniden Keşfetmek*, Timaş Yayınları.

Ortaylı, İlber, 2010, *Osmanlı Barışı*, Timaş Yayınları.

Sarıçam, İbahim, 2006, "Müzakere," *Dinin Dünya Barışına Katkısı*, Türkiye Diyanet Vakfı Yayınları.

Şahin, Türel Yılmaz, 2011, *Uluslararası Politikada Orta Doğu*, Barış Kitap.

Yitik, Ali İhsan, 2006, " Dinlerarası Diyalog ve Dünya Barışı," *Dinin Dünya Barışına Katkısı*, Türkiye Diyanet Vakfı Yayınları.

【西欧語】

Abu-Nimer, Mohammed, 2003, *Nonviolence and Peace Building in Islam: Theory and Practice*, University Press of Florida.

Abu-Nimer, Mohammed, 2010, "An Islamic Model of Conflict Resolution Principles and Challenges," Huda, Qamar-ul ed., *Crescent and Dove Peace and Conflict Resolution in Islam*, United States Institute of Peace Press.

Adams, David, 1989, *Disseminated by Decision of the General Conference of UNESCO at Its Twenty-fifth Session Paris*, 16 November 1989. (=1996, 杉田明宏他編集、中川作一訳『暴力についてのセビリア声明－戦争は人間の本能か－』平和文化。)

Afsaruddin, Asma, 2010, "Recovering the Early Semantic Purview of *Jihad* and Martyrdom Challenging Statist-Military Perspectives," Qamar-ul Huda ed., *Crescent and Dove Peace and Conflict Resolution in Islam*, United States Institute of Peace Press.

Al Aoufi, Hiam, Al Zyoud, Nawaf and Shahminan, Norbayan, 2012, "Islam and the Cultural Conception of Disability," *International Journal of Adolescence Youth*, Vol. 17, No. 4.

Al Eid, Nawal A., Arnout, Boshra A., 2020, "Crisis and Disaster Management in the Light of the Islamic Approach: COVID-19 Pandemic Crisis As a Model (A Qualitative Study Using the Grounded Theory),"*Journal of Public Affairs*, John Wiley & Sons.

Alvarez, Walter, 2017, *A Most Improbable Journey: A Big History of Our planet and Ourselves.*) (=2018, 山田美明訳『ありえない 138 億年史　宇宙誕生と私たちを結ぶビッグヒス

岩木秀樹（いわき・ひでき）

1968年、兵庫県尼崎市生まれ。

1986年、東京都立八王子東高校卒業。

1994-1995年、トルコ共和国アンカラ大学留学。

2000年、創価大学博士後期課程修了、博士（社会学）。

創価大学・神戸学院大学非常勤講師、公益財団法人東洋哲学研究所研究員。

専門は、平和学・中東イスラーム学・国際関係学。

単著に、

『戦争と平和の国際関係学—地球宇宙平和学入門—』（論創社・2013年）、『中東イスラームの歴史と現在—平和と共存をめざして—』（第三文明社・2018年）、『共存と福祉の平和学—戦争原因と貧困・格差—』（第三文明社・2020年・岡倉天心若手奨励賞受賞）、『きちんと知ろうイスラーム』（鳳書院・2022年）。


装幀・本文レイアウト／藤井国敏（office push）

幸福平和学《こうふくへいわがく》
——暴力《ぼうりょく》と不幸《ふこう》の超克《ちょうこく》

2024年9月8日　初版第1刷発行

著　者　岩木秀樹《いわきひでき》
発行者　松本義治
発行所　株式会社　第三文明社
東京都新宿区新宿 1-23-5
郵便番号 160-0022
電話番号 03-5269-7144（営業代表）
03-5269-7145（注文専用）
03-5269-7154（編集代表）
振替口座 00150-3-117823
URL　https://www.daisanbunmei.co.jp/

印刷・製本　壮光舎印刷株式会社

ISBN 978-4-476-03427-1